목포근대역사관

2019

목포근대역사관

사의재

시인의 말

목포를 근대문화유산답사 일번지라고 한다. 그 이름에 걸맞게 목포에는 근대문화유산이 많이 남아있다. 지금까지 남아있는 근대문화유산들 중에 가장 중요한 근대문화유산은 구 목포일본영사관, 구 동양척식주식회사 그리고 구 동본원사다. 구 목포일본영사관과 구 동양척식주식회사는 현재 목포근대역사관 1관과 2관으로 구 동본원사는 오거리문화센터로 변신하였다.

1부는 목포근대역사관 1관과 2관 그러니까 구 목포일본영사관과 구 동양척주식회사에 전시된 자료들에서 소재를 발굴하여 낳은 시들이 주를 이루고 있다. 내 의식이 지향하는 바에 따라 태어난 목포의 근대문화유산과 관련된 시가 무려 54편이나 된다.

2부는 삼학도와 선창에 자리잡은 목포의 저명인사들인 난영공원, 김대중 노벨평화상 기념관, 목포어린이바다과학관, 목포연안여객선터미널, 목포항 국제여객터미널에 관한 시다. 더불어 목포항 갈매기, 항동시장, 목포는 항구다 1,2 등 제목이 바다 냄새가 물씬 풍기는 시들이 함께하고 있다.

3부는 오거리에서 시작하여 갑자옥모자점을 거쳐 이훈동정원까지 만호동과 유달동에 둥지 틀고 있는 오랜 세월 목포와 희로애락을 함께했거나 새로 태어난 상가, 카페, 게스트 하우스 그리고 주택에 대한 시이다. 목포의 전설인 영란횟집, 묻지 마라 갑자생인 '갑자옥모자점', 어물전인 '나무숲' 등이 실려 있다.

4부는 목포팔경木浦八景이다. 시로 접근한 목포팔경과 시조로 접근한 목포팔경을 하단에 함께 실었다. 시조로 접근한 목포팔경은 시조집 『이화』에 실린 것을 재수록하였기에 목차에 따로 제목을 달지 않았다. 시와 시조의 맛이 어떻게 다른가를 목포팔경을 통하여 알 수 있다.

문학과 스토리텔링을 접목하였음에도 문학성이 반감되지 않는 시를 낳으려고 애썼다. 이 시집에는 제목이 서술형인 풍자와 해학이 깃든 긴 제목의 시들이 많이 실려 있다. 삼복에 만호동과 유달동을 뒤지고 다닌 나의 수고가 헛되지 않았으면 좋겠다. 3·1운동 100주년 기념시집인 이 시집이 민족의 자긍심을 드높이는데 기여하기를 바란다.

2019년 봄
일속산방一粟山房에서
작시치作詩癡 김재석

차례

목포근대역사관

시인의 말

1부

목포 14
목포근대역사관 16
구 목포일본영사관 18
구 목포일본영사관이 나의 눈치를 본다 20
구 목포일본영사관이 반성의 기미가 보이지 않는다 22
벽난로 24
구 목포일본영사관 벽난로가 임무를 마친 지 오래됐다 26
인력거 28
재봉틀 30
조면기繰綿機는 친일파다 32
구 목포일본영사관에서 옛날 교복을 입고 기미년에 다녀오다 34
검정 두루마기, 태극기 그리고 대한독립만세 삼창이 우리를 기미년으로 데려다준다 36
구 목포일본영사관이 한국전 동안에 총을 맞

은 적이 있다 38
구 목포일본영사관 문서고가 나를 붙든다 41
구 목포일본영사관 동굴이 나를 열받게 한다 44
구 목포일본영사관 동굴 46
구 목포일본영사관 가시나무들은 죄가 없다 48
구 목포일본영사관 가시나무들이 나만 보면 긴장을 한다 50
구 목포일본영사관 가시나무들이 나의 눈치를 본다 52
구 목포일본영사관 앞마당 플라타너스에서 매미가 대한독립만세를 외친다 54
구 목포일본영사관 정문 좌우에서 석류나무가 위병을 서고 있다 56
구 목포일본영사관 팽나무가 나에게 한 수 가르치다 58
구 목포일본영사관에 무궁화꽃이 피었습니다 60
알라딘의 램프가 내 손에 쥐어진다면 62
목포 평화의 소녀상 64
구 목포일본영사관이 '목포 평화의 소녀상'을 못 본 척한다 66

구 목포일본영사관 초입에서 '목포 평화의 소녀상'이 1인 시위를 하고 있다 68
구 목포일본영사관은 상이용사傷痍勇士는 아니다 70
구 목포일본영사관은 반반하나 당당하지는 않다 72
국도 1·2호선 출발 기점 기념비 74
구 동양척식주식회사 76
구 동양척식주식회사가 팔꿩일우 때문에 골머리를 앓고 있다 78
사진으로 만난 종군위안부 구출작전 80
구 동양척식주식회사가 악몽에 시달리다 82
구 동양척식주식회사 별실이 나에게 육두문자를 뱉게 한다 84
구 동본원사의 첫 번째 다가올 과거는 구 목포중앙교회다 86
구 목포일본영사관과 구 동양척식주식회사가 반반한 건 사실이다 88
구 목포일본영사관과 구 동양척식주식회사는 입이 천 개라도 할 말이 없어야 한다 90
구 목포일본영사관과 구 동양척식주식회사를 주시해야 한다 92
구 목포일본영사관과 구 동양척식주식회사가

만나지 못하게 해야 한다 94
구 목포일본영사관과 구 동양척식주식회사가 눈빛을 주고받고 있다 96
구 목포일본영사관과 구 동양척식주식회사가 전향^{轉向}을 하였다 98
구 목포일본영사관과 구 동양척식주식회사가 전향은 하였어도 개종은 하지 않았다 100
구 목포일본영사관과 구 동양척식주식회사가 전향을 하였다 하여 102
구 목포일본영사관과 구 동양척식주식회사는 부려먹는다고 생각할 수 있다 104
부동명왕상^{不動明王像}과 홍법대사상^{弘法大師像}은 분수를 알고 있다 106
유달산이 부동명왕상과 홍법대사상을 붙들다 108
손가락바위가 나에게 눈빛을 보내다 110
유자^{儒者}인 일등바위가 나에게 눈빛을 보내다 112
부동명왕상과 홍법대사상이 나에게 유감이 많다 114
부동명왕상과 홍법대사상에게 변명할 생각이 없다 116
부동명왕상과 홍법대사상을 그대로 둬야 하나

9

제거해야 하나 그것이 문제다 118
부동명왕상과 홍법대사상이 다소곳해지다 120
구 목포청년회관은 떳떳하다 122
조선은행 목포지점 124
구 목포공립심상소학교 강당 126
그 많던 근대문화유산들은 다 어디로 갔나 128
목포진 역사공원에서 130
경동성당 132
약사사와 목포중앙교회 그리고 목포진 134
남부교회 136
성옥기념관은 산호벽수^{珊瑚碧樹}다 138
목포상공회의소는 이용후생^{利用厚生} 학파이다 140
노적봉^{露積峯}이 문무^{文武}를 겸하다 142

2부

목포갈매기 144
목포항 145
목포는 항구다 1 146
목포는 항구다 2 148
삼학도 150

삼학도가 유달산을 하염없이 바라보다 152
이난영공원은 목이 쉬지 않는다 154
김대중 노벨평화상 기념관이 목소리가 창창하다 156
목포어린이바다과학관이 동안^{童顔}이다 158
목포연안여객선터미널은 不仁이다 160
목포항 국제여객터미널이 저명인사들을 거느리고 있다 162
달과 별들이 시스타크루즈호에 취하다 164
항동시장 166

3부

한양직업학교 170
오거리의 꿈은 오거리시문학관이다 172
목포'부라더 미싱'이 정정하다 174
송월타월 176
구 화신연쇄점은 신사다 178
구 동아약국이 추억을 되새김질하고 있다 180
갑자옥모자점 182
영란횟집 184
나무숲 186
능소화는'이태리 지중해 레스토랑'이다 188

노월헌撈月軒 190
찔레꽃 담장 192
노월헌撈月軒 마당에서 꽃나무들이 계주를 하고 있다 194
학은재鶴隱齋 196
능소화는 못 말려 198
'카페 유달동'이 사르트르를 초대하다 200
행복이 가득한 집 202
'그대가 꽃'이 나에게 작업을 걸다 204

4부

유산기암儒山奇岩 208
용당귀범龍塘歸帆 210
아산춘우牙山春雨 212
학도청람鶴島晴嵐 214
금강추월金江秋月 216
입암반조笠岩返照 218
고도설송高島雪松 220
달사모종達寺暮鐘 222

1부

목포

언제 어디서나
갈매기 울음소리를 생각만 해도
갈매기 울음소리가
곧바로 얼굴을 내민다

- 니야오 니야오

갈매기 울음소리가
무임승차를 해도
너그러운 호남선이
눈감아 준다

언제 어디서나
뱃고동소리를 생각만 해도
뱃고동소리가
곧바로 얼굴을 내민다

- 붕~ 붕~

뱃고동소리가
무임승차를 해도

너그러운 호남선이
눈감아 준다

목포근대역사관

사연 많은
목포근대역사관의
지나간 미래는
목포일본영사관과 동양척식주식회사다

1권 목포일본영사관,
2권 동양척식주식회사
두 권으로 이루어진
목포근대역사관을 읽어보지 않고서
목포를 만나봤다 할 수 없다

알전구로 시작한
근대의 불빛이
제국의 불빛이었다는 것이
목포근대역사관의
머리말에 기록되어 있다

욱일기旭日旗가 저지른 만행을
목포일본영사관과
동양척식주식회사가 이실직고하는
목포근대역사관은

딜레마에 빠질 때가 한두 번이 아니다

고개 숙여야 할
목포일본영사관과 동양척식주식회사가
예나 지금이나
여전히 고개 들고 있다

저걸 뻔뻔하다고 해야 하나,
저걸 오만하다고 해야 하나
타고난 것을
이유를 달아 귀뺨을 때릴 수가 없다

가볍게 읽어서는 안 되는
1권 목포일본영사관과
2권 동양척식주식회사를
가볍게 읽고 지나가는 길들이 있기에
목포근대역사관은 고민이 깊다

사연 많은
목포근대역사관의
다가올 과거도
목포일본영사관과 동양척식주식회사다

구 목포일본영사관

마주칠 때마다
눈빛으로 제압을 한다

옛날 같으면
망나니의 칼에 머리가 달아났다,
진즉

눈에는 눈,
이에는 이

저 놈 식으로 하면
눈은 가리고
팔은 뒤로
기둥에 묶이어
총살형이 집행되었다

저 놈 귀싸대기라도 한번 올려야
속이 시원할 텐데
그냥 내버려두는 것은
내가 모질지 못해서다

마주칠 때마다

내 눈빛이 가만있질 않는다

구 목포일본영사관이 나의 눈치를 본다

마주칠 때마다
구 목포일본영사관이 나의 눈치를 본다

나는 편하게 대한다고 대하는데
구 목포일본영사관이 나의 눈치를 보는 것은
잘못한 것이 너무 많아서다

근년에 잘못한 것이 아니라
아주 오래 전에 잘못한 것이 많은데
남들은 그걸 쉽게 잊어도
그때 그 시절에 얼굴 내밀지도 않은 내가
그 잘못을 잊지 않고 있어서다

구 목포일본영사관을 편하게 대하되
구 목포일본영사관이 저지른 만행을
잊지는 않겠다는 것이 나의 지론인데
그게 더 무섭다고 생각하는 것이다

사죄는 않고
어물쩍 넘어가려 하는데
앞으로 또 어떤 짓을 저지를지 모르는

구 목포일본영사관의 만행을
내가 어찌 잊겠나

마주칠 때마다
구 목포일본영사관이 나의 눈치를 본다,
나는 편하게 대한다고 대하는데

구 목포일본영사관이 반성의 기미가 보이지 않는다

구 목포일본영사관이
나름대로 반성한다고 하는데
반성의 기미가 보이지 않는 것은
너무 반반해서다

바라보면
여전히 위압적으로 보이고
여전히 군림하는 것처럼 보이는 것은
타고난 것이다

옛시절로 돌아가고자 하는 꿈을
접지 안했으리라는 나의 생각이
오독이면 문제가 없지만
오독이 아니면 문제다

내 눈빛이 가만있지 않고 나선 것은
여전히 오만방자해 보이는
구 목포일본영사관의 기氣를 꺾고 싶은
일념에서다

다들 너그럽게 굴 때
나 같은 놈이 하나 있어야
옛시절로 돌아가고자 하는 꿈을
접을 것이다

구 목포일본영사관이
나름대로 반성한다고 하는데
반성의 기미가 보이지 않는 것은
죽은 데가 없어서다

벽난로
   - 구 목포일본영사관에서

톨스토이와 도스토이에프스키와
고리키에 빠진 벽난로가
조선을 손아귀에 넣으려는
욱일기旭日旗에게
자발적으로 부역했을 리가 없다

벽난로가
조선을 징검다리 삼아
대륙까지 손아귀에 넣으려는
욱일기旭日旗의 속셈을 뻔히 아는데
자발적으로 부역을 했겠는가

욱일기旭日旗가
조선을 손아귀에 넣는 것을
벽난로가 제대로 막지 못한 것은
대세에 밀려
자기 앞가림하는 것도 힘들었기 때문이다

목숨을 도모한 벽난로가
국화와 칼을 앞세운
욱일기旭日旗와 마지못해 함께한 것이다

푸시킨과 에세닌에 빠진 벽난로가
조선을 손아귀에 넣으려는
욱일기旭日旗에게
자발적으로 부역했을 리가 없다

  * 욱일기旭日旗는 일본 군국주의를 상징하는 깃발이다.

구 목포일본영사관 벽난로가 임무를 마친 지 오래됐다

구 목포일본영사관 벽난로가 임무를 마친 지
오래됐다

구 목포일본영사관이 감기에 쿨럭여도
벽난로가 임무를 다시 수행하지 않는 이유를
나보다 대라 하면 댈 수 있다

벽난로가 임무를 다시 수행하지 않는 이유를
내가 대지 않아도
다 아는 것을
푼수처럼 내가 떠드는지 모른다

구 목포일본영사관 벽난로가 다시 임무를 수행하면
욱일기가 다시 살아날 것이라는 것을
벽난로는 알고 있기에
대의를 위하여 자기를 희생하고 있는 것이다

한때 목숨을 부지하느라
마지못해 부역을 했던 벽난로가
다시는
오점을 남기고 싶지 않은 것이다

이제는 구 목포일본영사관 벽난로가 아니라
목포근대역사관 벽난로로서 임무를 수행하면 되건만
불쾌한 추억이
여전히 자신을 붙들고 놓아주지 않는 것이다

구 목포일본영사관 벽난로가 임무를 끝낸 지
오래됐다

인력거 人力車
 - 구 목포일본영사관에서

1

오르지 마라는
인력거에
내 눈빛이 오른다

내 눈빛이 올랐다 해서
무너질 인력거는
이 세상에 없다

내 눈빛이 부잡한 건지
내가 부잡한 건지
헷갈린다

인력거에 오른
내 눈빛이
들통 날 리도 없다

2

누군들
인력거에 오르고 싶지 않으리

누가
인력거를 끌고 싶으리

재봉틀
   - 근대의 아침은 재봉틀 소리로 시작하였다

목포근대역사관으로 변신한
구 목포일본영사관 이층에서
드르륵 드르륵 재봉틀 소리가
들린다

한 대도 아니고
여러 대가 합창하듯
드르륵 드르륵 소리를 낸다

드르륵 드르륵이
어느 날은 탈탈탈로
어느 날은 털털털로
어느 날은 툴툴툴로 들린 적이 있다

찢어지고 닳아져
무릎이 팔꿈치가 나온 세상을
박음질해 주는 재봉틀이
대륙 침략의 도구로 사용되었다

욱일기旭日旗가
대륙침략의 도구로 사용하지 않았더라면

재봉틀은
누구에게나 환영받았을 것이다

구 목포일본영사관 이층을 벗어나도
드르륵 드르륵 재봉틀 소리가
나를 따라다닌다

조면기繰綿機는 친일파親日派다

목화의 씨와 솜을 분리시켜 주는
조면기는 친일파다

조면기에게 말할 기회를 주면
자기는
목화의 씨와 솜을 분리시켜 주는
단순한 기계일 뿐이라 하겠지

조면기가
자신이 친일파인 이유를 대라고 하면
나는 분명히 댈 수 있다

재주는 곰이 넘고 돈은 되놈이 받아가듯이
일은 조선 민중이 쎄빠지게 하고
돈은 욱일기旭日旗가 챙겨가는 데
조면기가 여러 몫을 하니
조면기가 친일파가 분명하다

내가 댄 이유를 듣고 난 뒤
목화의 씨와 솜을 분리시키는
수고를 덜어주는 자신은

친일파도 친한파도 아니라고
거듭 강변하겠지

조면기가 친일파가 아니라면
내가 조면기를 오독한 건가

다시 생각해 보니
조면기는 본의 아닌 친일파다

* 조면기繰綿機: 목화의 씨를 빼거나 솜을 트는 기계

구 목포일본영사관에서 옛날 교복을 입고 기미년에 다녀오다

구 목포일본영사관 만세운동 체험실에서
옛날 교복을 걸치고
기미년으로 돌아가니
어디에선가 만세소리가 나의 귓전을 때린다

-대한독립만세
-대한독립만세
-대한독립만세

어디에서 그런 용기가 나왔는지
겁 많은 내가 사람들 틈에 끼어
만세소리가 들리는
탑골공원 쪽으로 향한다

오늘이 3월 1일이니
탑골공원이 나에게
독립선언문을 들려주리라 생각하며
열심히 뛰어간다

-대한독립만세
-대한독립만세

-대한독립만세

탑골공원으로 가는 길에
일본 기마병들의 총검에 밀리어
기미년에서 돌아왔는데
여전히 만세소리가 나의 귓전을 때린다

* 목포는 4 · 8 만세운동이 있었다.

검정 두루마기. 태극기 그리고 대한독립만세 삼창이 우리를 기미년으로 데려다준다

타임머신인
구 목포일본영사관 만세운동 체험실의
검정 두루마기. 태극기 그리고 대한독립만세 삼창이
우리를 기미년으로 데려다준다

검정 두루마기, 태극기 그리고 대한독립만세 삼창이
함께해야지
따로따로 놀면
기미년으로 갈 수가 없다

검정 두루마기, 태극기 그리고 대한독립만세 삼창이
우리가 원하는 대로
탑골공원으로 데려다주기도 하고
아우내 장터로 데려다주기도 한다

검정 두루마기, 태극기 그리고 대한독립만세 삼창이
딱 한 차례
딱 한 곳만 데려다주기에
선택을 잘 해야 한다

검정 두루마기, 태극기 그리고 대한독립만세 삼창이

나를 탑골공원에 데려다 줘
대한독립만세를 신나게 부르다가
기마병들에 쫓겨 돌아왔다

기마병들에게 붙잡혔더라면
나는 돌아오지 못하고
서대문 형무소에서
모진 고초를 겪고 있을 것이다

대한독립만세가 만개하는
기미년에 다녀오는데 위험이 따르니
임산부와 어린애는
마음으로만 동참해야 한다

타임머신인
구 목포일본영사관 만세운동 체험실의
검정 두루마기, 태극기 그리고 대한독립만세 삼창이
우리를 기미년으로 데려다준다

구 목포일본영사관이 한국전 동안에 총을 맞은 적이 있다

못 말리는 욱일기旭日旗
한번 새긴 문신을 지우지 못한
구 목포일본영사관이
한국전 동안에 총을 맞은 적이 있다

부상당한 흔적을 증거물로 들이대는
구 목포일본영사관이
재발방지를 위하여
그 사건의 전모를 규명해 주기를 바라고 있다

누가, 언제, 어디서, 무엇을, 어떻게, 왜의
육하원칙 중에
밝혀야 할 것은 누가인데
그 누가를 알 수가 없다

누가를 제외한 나머지는
말하지 않아도
구 목포일본영사관이 넘어가지만
누가는 대충 넘어갈 문제가 아니다

누가는 속으로 이를 갈고 있을

구 목포일본영사관이 알아서는 안 될 문제고
우리는 알아도
눈감아 줘야 할 문제다

구 목포일본영사관의 가슴을 향하여
방아쇠를 당긴 누가를 알아야
눈감아 줄 수 있는데
누가를 알지 못하니 눈감아 줄 수도 없다

구 목포일본영사관은 자신의 가슴을 향하여
방아쇠를 당긴
누가를 알고도 모른 척하며
그 사건의 전모를 규명해 달라고 하고 있을까

누가가 당긴 방아쇠의 총알이
구 목포일본영사관의 가슴을 비껴 나갔기에 살아남았지
그렇지 않았더라면
구 목포일본영사관은 살아남지 못했을 것이다

못 말리는 욱일기旭日旗,
한번 새긴 문신을 지우지 못한

구 목포일본영사관이
한국전 동안에 총을 맞고도 살아남았다

구 목포일본영사관 문서고가 나를 붙든다

구 목포일본영사관 문서고가 나에게
안면이 있다며
나를 붙들고 놓아주지 않는다

어디서 봤더라, 어디서 봤더라
구 목포일본영사관 문서고와 눈빛을 주고받으며
되짚어보니
구 목포일본영사관 문서고가
시립도서관 음악감상실이었던 시절에 본 것이다

시립도서관 음악감상실이 후원한
김엄조 시인과 최건 시인이 이끈
목요음악회가
바흐, 하이든, 모차르트, 베토벤 등을
시민들과 만나게 해주었는데
오르페우스의 후예인 내가
이따금 낀 것이다

구 목포일본영사관 문서고에게
생애 가장 좋았던 시절이
언제였냐고 누가 물으면

시립도서관 음악감상실 시절이라고
대답하겠다고
묻지도 않은 대답을 한다

위세 당당한
욱일기旭日旗의 시절이 아니라
시립도서관 음악감상실 시절이라는 눈빛에
만국의 언어인 음악에
구 목포일본영사관 문서고가 뽕 갔다는 걸 알았다

추억을 되새김질하는 것도
뉘가 나지만
추억을 되새김질한다면
바흐, 하이든, 모차르트, 베토벤 등을 만나던 시절을
마냥 되새김질하고 싶단다

한때 시립도서관 음악 감상실이었던
나를 붙든
구 목포일본영사관 문서고를
가까스로 떨쳐내고 돌아선다

* 구용상 시장 재임시 구 목포일본영사관 문서고가 시립도서관 음악감상실로 이용되었다.
* 시립도서관 음악감상실에서 매주 목요음악회가 열렸다. 목요음악회는 김엄조시인과 최건 시인이 주도하였다. 목요음악회의 탯자리는 치과의사인 최정(최칫과)씨의 안방이었다. 소니 오디오를 구하는데 공생원 윤기씨의 도움이 컸다.

구 목포일본영사관 동굴이 나를 열받게 한다

위로받아야 할
구 목포일본영사관 동굴이 나를 열받게 한다

열받으면 나만 손해이기에
열받지 않으려 안간힘을 쓰는데도
열받는다

열받아서 좋을 일이 하나도 없다면
열받아서 나중 형편이 나빠질 게
불 보듯 뻔하다면
나는 손해날 짓만 하고 다니는 셈이다

열받아서 좋을 일이 딱 하나 있는데
이따위 짓 다시 하면
큰 코 다친다는 것을
욱일기旭日旗의 머릿속에 심어주는 것이다

나의 분노게이지의 수치가 천장에 달한 것을
욱일기旭日旗가 알면
다시는 조선을 대륙침략의
징검다리 삼아서는 안 된다는 것을

깨달을 것이다

그보다 더 중요한 일이 없기에
열받아 내가 어떤 손해를 본다 하더라도
미시적으론 손해여도
거시적으론 대박이다

구 목포일본영사관의 사죄를 받으러왔다가
제대로 받지 못하고 돌아가는 길에
뒤뜰의 안쓰러운 동굴을 만나는데
동굴이 매번 나를 열받게 한다

내 몸에 뭔 일이 일어날까 봐
안절부절 못하는
동굴이 나를 열받게 한 게 아니라
욱일기旭日旗의 머슴살이한
위로받아야 할 동굴이 나를 열받게 한다

구 목포일본영사관 동굴

욱일기旭日旗가 궂은 날에 대비하여
강제로 얼굴 내밀게 했으나
뭔가 세상에 도움이 되는 걸로
다시 얼굴 내밀면 정말 좋겠네

현상계와 실재계를
사람들의 손에 꽉꽉 쥐어주는
플라톤의 '동굴의 비유'의
학습장으로

해리포터와 반지의 제왕에 밀려 잊혀져가는
알리바바와 사십인의 도적의
'열려라 참깨'의
실습장으로

막 태어난 자식들을 삼키는
크로누스로부터 제우스를 피신시킨
레아의 마음을 읽는
장소로

욱일기旭日旗가 궂은 날에 대비하여
강제로 얼굴 내밀게 했으나
뭔가 세상에 이득이 되는 걸로
다시 얼굴 내밀면 정말 좋겠네

구 목포일본영사관 가시나무들은 죄가 없다

구 목포일본영사관이 거느린
앞마당의
졸가시나무 한 그루와
종가시나무 두 그루는 아무런 죄가 없다

가시나무 세 그루가
구 목포일본영사관의 호위무사였다는 생각에
한때 나의 눈엣가시였는데
이제 생각을 바꾸기로 했다

가시나무 세 그루의 신원을
확인할 길이 있다면
결론을 쉽게 내릴 수 있는데
신원을 확인할 길이 없다

신원을 확인하면
더 딜레마에 빠질 수 있기에
신원을 확인하려
여기저기 수소문할 필요도 없다

구 목포일본영사관 앞마당에 뿌리 내린

가시나무들의 나이가
이순의 강을 건넌 나보다
훨씬 연상이다

장유유서長幼有序 하나만 잘 지켜도
잘 돌아가는 게 세상인데
나보다 상수일 수 있는
가시나무들을 앳가심이라 여길 필요가 없다

구 목포일본영사관이 휘하에 둔
앞마당의
졸가시나무 한 그루와
종가시나무 두 그루는 아무런 죄가 없다

구 목포일본영사관 가시나무들이 나만 보면 긴장을 한다

한때 내 눈에 일본육사생도처럼 보인
구 목포일본영사관 가시나무들이
나만 보면 긴장을 한다

구 목포일본영사관 가시나무들이
나에게만 긴장을 하는지
나 말고 다른 이들에게도 긴장을 하는지
숨어서 지켜봤는데
나에게만 긴장을 한다

가시나무들이 부역을 한 것은
본의 아니게 일어난 일이기에
나는 다 이해하고 넘어갔는데
가시나무들이 나만 보면 긴장을 하니
누가 보면
내가 가시나무들을 잡은 것으로 알겠다

내가
똑바로 하라고 하지도 않았는데
똑바로 하려고 애쓰는 것을 보면
내게 잡힌 것이 맞다

그냥 편하게 나를 대하면 좋은데
가시나무들이
나만 보면 긴장을 하니
나의 표정에 문제가 있는 게 분명하다

한때 내 눈에 호위무사처럼 보인
구 목포일본영사관 가시나무들이
나만 보면 긴장을 한다

구 목포일본영사관 가시나무들이 나의 눈치를 본다

구 목포일본영사관이 잘나갈 때나
구 목포일본영사관이 잘나가지 않을 때나
변함없이 함께하는
구 목포일본영사관 가시나무들이 나의 눈치를 본다

구 목포일본영사관 가시나무들이
내가 자신들의 정체를 안다고 생각하기에
나의 눈치를 보는 것 같은데
나는 그들의 정체를 정확히 알지 못한다

구 목포일본영사관 가시나무들이
물 건너 왔는지
이 땅에서 자생하다가 붙들려와 부역한 건지
그것마저도 모른다

물 건너 왔다면
사무라이의 후예라는 생각이 들 뿐
내가 뭘 추궁한 적이 한 번도 없는데
내가 뭘 다 안다고 생각하는 것이다

구차하게 변명을 하지 않는

구 목포일본영사관에게 등 돌린 적이 없는
구 목포일본영사관 가시나무들에게
배울 바가 있기도 하다

구 목포일본영사관을 만나러 가더라도
구 목포일본영사관 가시나무들에게
부담이 되지 않도록
앞으로는 눈길을 주지 않아야겠다

구 목포일본영사관 가시나무들이 나의 눈치를 본다,
구 목포일본영사관이 잘나갈 때나
구 목포일본영사관이 잘나가지 않을 때나
변함없이 함께하는

구 목포일본영사관 앞마당 플라타너스에서 매미가 대한독립만세를 외친다

더위 먹은
구 목포일본영사관 앞마당 플라타너스에서
매미가
대한 독립 만세를 외친다

대한독립만세를 삼창만 하는 것이 아니라
대한독립만세를 계속해서 외치는데
대한이 독립을 한 지 일흔세 해가 넘었는데
대한독립만세를 여전히 외치는 것은
구 목포일본영사관이 허튼 생각을 하지 못하게 하기 위해서다

여름 날 잠시 외치다 만 것이 아니고
여름 날 하루만 외치다 만 것이 아니고
한 해 여름만 외치다 만 것이 아니고
기미년 그날 이후 여름이면
대한독립만세를 외친 게 분명하다

매미가
대한독립만세를 그렇게 외쳐도
구 목포일본영사관이 긴장을 안 하는 것은

귀머거리이거나
가는 귀 먹어서다

뒤늦게
내가 매미를 따라서
대한독립만세를 눈빛으로 외치니
구 목포일본영사관이 바싹 긴장을 한다

내 눈빛이 대한독립만세를 외치니
구 목포일본영사관이 반응을 보이는 것은
청맹과니는 아니고
귀머거리라는 증거다

기진맥진한
구 목포일본영사관 앞마당 플라타너스에서
매미가
대한독립만세를 외친다

구 목포일본영사관 정문 좌우에서 석류나무가 위병을 서고 있다

구 목포일본영사관 정문 좌우에서
석류나무 두 그루가 위병을 서고 있다

위병을
교대로 서는 것이 아니라
말뚝 근무를 서고 있다

석류나무 두 그루가
말뚝 근무를 서게 된 사연을
알고 싶다

욱일기旭日旗가 물러난 뒤인지
욱일기旭日旗가 물러나기 전인지
누구 아는 이 없나

졸가시나무 한 그루와
종가시나무 두 그루는 알아도
굳게 입을 봉封하고 있으니

욱일기旭日旗가 물러나기 전에
위병을 섰다고 하더라도

자발적인 부역은 아니겠지

구 목포일본영사관 정문 좌우에서
석류나무 두 그루가 말뚝 근무를 서고 있다

구 목포일본영사관 팽나무가 나에게 한 수 가르치다

구 목포일본영사관 담장 때문에
앞으로 나아가지도
뒤로 물러서지도 못한
팽나무가 나에게 한 수 가르친다

밑으로
밑으로 뿌리를 내릴 수 없으면
옆으로라도 뿌리를 내려
살고 봐야 한다고

살고 본 뒤에
다음 살 길을 강구해야지
밑으로만 뿌리를 내리려고
고집을 부리다간 죽는다고

저걸
옆으로 뿌리를 내렸다고 해야 하나
대지를 붙들고 있다고 해야 하나
헷갈린다

구 목포일본영사관 담장 때문에
앞으로 나아가지도
뒤로 물러서지도 못한
팽나무가 나에게 한 수 가르친다

구 목포일본영사관에 무궁화꽃이 피었습니다

목포근대역사관으로
신장개업한
구 목포일본영사관에 무궁화꽃이 피었습니다

붉가시나무 한 그루와
종가시나무 두 그루가
인상을 구겨도
무궁화꽃이 주저하지 않습니다

붉가시나무 한 그루와
종가시나무 두 그루가
긴장을 하면 했지
무궁화꽃은 긴장을 하지 않습니다

붉가시나무 한 그루와
종가시나무 두 그루가
함께 달려들 수 있는데도
겁먹지 않습니다

저만치서
구 목포일본영사관이

눈에 쌍심지를 켜도
무궁화꽃이 주눅 들지 않습니다

목포근대역사관으로
신장개업한
구 목포일본영사관에 무궁화꽃이 피었습니다

알라딘의 램프가 내 손에 쥐어진다면

알라딘의 램프가 내 손에 쥐어진다면
지니로 하여금
구 목포일본영사관을
욱일기旭日旗의 품으로 데려다 주라고 하고 싶다

진심이든 진심이 아니든
반성하는 의미에서
새로 부여된 임무를
누가 봐도 잘 수행하고 있으니

반성하지 않고
다시 일어서려고
힘을 비축하고 있다고 생각되면
가만두어선 안 되겠지만

보내놓고 나서
욱일기旭日旗기의 품에 안겨
딴소릴 할까
걱정이 되지 않는 것도 아니지만

새로 부여된 임무를

구 목포일본영사관이 잘 수행하는 것은
구 목포일본영사관이
무슨 꿍꿍이속이 있어서가 아닐 것이다

뭐든 어영부영하지 말고
확실하게 해야 한다고
욱일기旭日旗가
구 목포일본영사관의 머리에 새겨 줬을 것이다

구 목포일본영사관이
욱일기旭日旗의 품으로 가고 싶어 하는지
욱일기旭日旗의 품으로 가고 싶어 하지 않는지
아니면 삼국으로 가고 싶어 하는지 알아봐야 한다

뒤탈만 없다면
지니에게 부탁하여
구 목포일본영사관을
욱일기旭日旗의 품으로 데려다 주라고 하고 싶다

목포 평화의 소녀상

구 목포일본영사관 초입의 의자에
다소곳이 앉아있는
'목포 평화의 소녀상'을
오동나무가 돌봐주고 있다

이제는 고인이 되었거나
머지않아 고인이 될 위안부 할머니가
'목포 평화의 소녀상'으로
다시 태어났다

구 목포일본영사관을 방문한 길들 중에
'목포 평화의 소녀상'과
기꺼이 아픔을 함께 나누고 가는
길들이 있다

가해자인
구 목포일본영사관의 그림자가
'목포 평화의 소녀상'에
닿을 듯 말 듯 한다

그럴 때마다

무슨 일이 일어날까 봐
오동나무가
마음을 놓지 못한다

구 목포일본영사관 초입의 의자에
다소곳이 앉아있는
목포 평화의 소녀상을
오동나무가 지켜주고 있다

구 목포일본영사관이 '목포 평화의 소녀상'을 못 본 척한다

오동나무가 지켜주는
'목포 평화의 소녀상'을
구 목포일본영사관이 못 본 척한다

등이 보이는
'목포 평화의 소녀상'을
구 목포일본영사관이 못 본 척한다 해서
구 목포일본영사관이 죄업에서 벗어나는 게 아니다

돌아간
욱일기旭日旗가 사죄하지 않는 한
욱일기旭日旗의 하수인인 구 목포일본영사관도
죗값을 치러야 한다

구 목포일본영사관이 잠 못 이루는 것은
오동나무 잎에 쏟아지는 달빛 때문이 아니라
등이 보이는
'목포 평화의 소녀상' 때문이다

욱일기旭日旗가 능욕한 위안부들의 한이
'목포 평화의 소녀상'과 함께하니

욱일기^{旭日旗}의 하수인인 구 목포일본영사관이
마음이 편할 리가 없다

구 목포일본영사관이
잠 못 이루는 정도가 아니라
악몽에 시달려야 맞다

목포 평화의 소녀상을
가시나무가 지켜주는
구 목포일본영사관이 못 본 척한다

구 목포일본영사관 초입에서 '목포 평화의 소녀상'이 1인 시위를 하고 있다

사연을 알면
눈물 없이는 만날 수 없는
'목포 평화의 소녀상'이 1인 시위를 하고 있다,
구 목포일본영사관 초입에서

머리카락은 뜯겨지고
어깨에는 새가 앉아 있고
맨발의 뒤꿈치는 들려 있는
소녀상이 의자에 앉아
구 목포일본영사관의 사죄를 받아내려고
뙤약볕을 마다하지 않고 있다

오동나무가
배롱나무가
소나무가
태산목이 저만치서 지켜주기에
외롭지 않다

비가 와도
눈이 와도
자리를 뜨지 않고 지킬

소녀상 곁의 빈 의자에
경향 각지의 길들이 앉아
잠시 소녀상에게 힘을 실어주고 간다

까닭을 알면
눈물 없이는 만날 수 없는
'목포 평화의 소녀상'이 1인 시위를 하고 있다,
구 목포일본영사관 초입에서

구 목포일본영사관은 상이용사傷痍勇士는 아니다

구 목포일본영사관이
6,25 때 총 맞아 부상을 당한 적이 있다

전쟁고아 아닌
송환이 불가능한 전쟁포로인
구 목포일본영사관이
6,25 때 총 맞아 부상을 당한 것은 사실이나
상이용사는 아니다

국군이라면
남에서 보훈대상자가 될 텐데
전투에 참여한 군인이 아닌
전쟁포로이기에
보훈대상자가 될 수가 없다

구 목포일본영사관은 총 맞고도 살아남은 것을
다행으로 생각해야지
뒤늦게 그걸 가지고
무얼 따지겠다고 했다가는
나중 형편이 더 나빠질 수 있다

'그만하길 다행이다'를 가슴에 새기고 살아야지
분수도 모르고
무얼 따지겠다고 했다가는
욱일기旭日旗의 하수인으로서 저지른 일들을
먼저 따져보자고 할 것이다

6.25 때 총 맞아 부상을 당한 적이 있어도
구 목포일본영사관은
상이용사는 아니다,
죽어도

구 목포일본영사관은 반반하나 당당하지는 않다

욱일기旭日旗와 동고동락한
구 목포일본영사관은 반반하나
당당하지는 않다

반반한 구 목포일본영사관이
당당하기까지 하면
그보다 더 좋을 수가 없는데

반반하나
당당하지 않다는 것은
구 목포일본영사관 자신이 가장 잘 안다

반반하면서도
당당한 것은
어디에 가야 만날 수 있나

반반하지도
당당하지도 않는 나는
낫낫하기라도 해야 하는데

욱일기旭日旗와 희로애락을 함께한

구 목포일본영사관은 반반하나
당당하지는 않다

국도 1·2호선 출발 기점 기념비

'국도 1·2호선 출발 기점'이
'국도 1·2호선 출발 기점 기념비'로
몸이 바뀐 것을 보고
영원한 것은 없다는 것을 알았다

듬직한 목포대교가 양팔로
고하도와 목포를 손 잡아주자
서로 그리워하던
고하도와 목포가 하나된 것이다

'국도 1호선 출발 기점'이
목포 대의동 - 평북 신의주에서
목포 충무동 - 평북 신의주로 바뀌었다는 소식을
뒤늦게 접했다

'국도 2호선 출발 기점'도
누가 양팔로 손 잡아주었는지
목포 대의동 - 부산 중구에서
신안군 장산면 오음리 - 부산 중구로 바뀌었다

바뀌지 않는 것은

꼬집히면 아프고 굶으면 죽는다는 것과
태어난 것은 반드시 죽는다는 것인데
내가 찾아내지 못한 것도 있을 것이다

종種이 진화하듯이
'국도 1·2호선 출발 기점'이
바뀐 것을 보고
영원한 것은 없다는 것을 알았다

* 고하도는 목포시 충무동에 속한다. 국도 1호선은 939.1 km(목포 대의동-평북 신의주)에서 4.27km가 늘어 943.37 km(목포 충무동-평북 신의주)로 변경됐다. 국도 2호선은 377.43km(목포 대의동-부산 중구)에서 475.08km(신안군 장산면-부산 중구)로 변경됐다. '국도 1·2호선 출발 기점 기념비'는 구 목포일본영사관 초입에 있다.

구 동양척식주식회사

뻔뻔하다

나 같으면
진즉
할복자살했을 것을
지금까지 버티다니

수탈로 일관한 생이
지시한 대로
따랐을 뿐이라니
이런 어처구니가

목숨을
구걸할 생각이 없다면서도
빠져나갈 말만
내뱉는 것을 보면

조선총독부처럼
끝나고 싶지 않으면
똑바로 하라고
겁이라도 줘야 하나

철면피다

구 동양척식주식회사가 팔굉일우^{八紘一宇} 때문에 골머리를 앓고 있다

뒤늦게 떠맡은 팔굉일우 때문에
구 동양척식주식회사가 골머리를 앓고 있다

팔굉일우 아니어도
도저히 용서받지 못할 만행들을 입증한
증거물들에 죽을 맛인데
빠져나가지 못할 증거물인
팔굉일우를 떠맡아 골치가 아픈 것이다

땅 밑에 은신하고 있던 팔굉일우가
들통 난 뒤
일본도만 손에 쥘 수 있었다면
할복했을 거라고 한다

전 세계를 하나의 집으로 보겠다는
생각은 가상하나
그게 남의 집을 먹을 구실이라는 걸
만천하가 아는데
달리 말하면 나쁘닥에 철판을 깐 것이다

조선을 징검다리 삼아

중국을 먹고
전세계를 먹을 생각을 하는 놈들이
무지한 놈들이 아니면
누가 무지한 놈들이겠는가

팔굉일우 하나로 전모가 드러난
구 동양척식주식회사가 골머리를 앓고 있다

* 팔굉일우八紘一宇: 목포여자중학교 운동장 토취 공사 중 국기게양대 앞에서 '팔굉일우'가 발견됐다. 팔굉일우는 고노에 후미마로 총리가 1940년 시정방침 연설에서 "황국의 국시는 팔굉을 일우하는(전 세계를 하나의 집으로 만드는) 국가의 정신에 근거한다."고 말한 데서 유래되었으며 제국주의 일본의 침략을 합리화하기 위해 내세운 구호였다. 이 비석 앞면에는 '팔굉일우 육군대장 남차랑서八紘一宇 陸軍大將南次郎書', 뒷면에는 '황기이천육백년 소화십오년시월이십칠일 건설皇紀二千六百年 昭和十五年十月二十七日建設'이라는 문구가 새겨져 있다. 현재 팔굉일우는 목포근대역사관에 갇혀 있다.

사진으로 만난 종군위안부 구출작전
- 목포근대역사관 2층 별실에서

어느 전선일까

목포근대역사관 2층 별실에서
사진으로 만난
군용트럭에 실려 있는 위안부들을
그냥 그대로 보낼 수 없는 내 눈빛이
위안부 구출작전을 펼치다니

먼저 내 눈빛이
주변 막사에 불을 질러
총과 칼의 눈과 귀를 따돌려
일본군들이 불을 진압하러 몰려가면
잽싸게 운전대에 오를 생각을 하다니

내 눈빛이
부대를 벗어나
어디로, 어디로 향해야 할까

막무가내 서두를 일이 아니어,
내 눈빛이 혼자서 이 일을 감당했다간
일을 그르치고 마니

독립군들과 연락을 취하여
군용트럭이 지나가는 길목을 지켜야지

위안부들이 하나도 다치지 않도록
내 눈빛과 독립군들이
군용트럭을 탈취해
성욕에 굶주린 일본군들을 생포하고
위안부들을 구해야지

위안부도 일본군도 독립군들에게 다 넘긴 뒤에
위안부 구출작전을 마칠 내 눈빛이
피곤한 기색도 없이
의기양양하게
제 자리로 돌아갈 생각을 하고 있는 거지

관람객이 떼 몰려 들어오고 나서야
비로소 내 눈빛이
정신을 차리다니

다음 코스로
내 눈빛이 밀려날 수밖에

구 동양척식주식회사가 악몽에 시달리다

목포근대역사관 2관으로 변신한
구 동양척식주식회사가 이따금 악몽에 시달린다

구 동양척식주식회사가
두 다리 뻗고 편히 잠 이루지 못하는 것은
조선에서 아시아에서
욱일기旭日旗가 저지른 만행 때문이다

욱일기旭日旗의 하수인으로서
시키지 않은 일까지 도맡아한
구 동양척식주식회사가
악몽에 시달리는 것은 당연하다

자업자득이란 말 들이대지 않아도
조선 민중의 비명소리가
아시아 민중의 비명소리가
욱일기旭日旗의 하수인을 가만두겠는가

팔굉일우를 입양한 뒤에
악몽에 시달리는 밤이 더 많아진 것은
팔굉일우가 바로

대륙침략의 이론적 토대이기 때문이다

뒤늦게 함께한 팔굉일우가
빼도 박도 못하는 증거물이 되어
욱일기旭日旗의 하수인인 구 동양척식주식회사가
빠져나갈 구멍이 아예 사라진 것이다

조선에서 아시아에서
욱일기旭日旗가 저지른 만행은
죗값을 치러도 죄가 사라지는 것이 아니니
그게 문제다

목포근대역사관 2관으로 변신한
구 동양척식주식회사가 이따금 악몽에 시달린다

구 동양척식주식회사 별실이 나에게 육두문자를 뱉게 한다

구 동양척식주식회사 별실이
피가 거꾸로 솟구친
나로 하여금
육두문자를 뱉게 한다

씨발,
걸어 다니는 꽃들을 붙들어다가
능욕한 뒤
살육을 다 하다니

씨발,
쪽발이 새끼들이
생사람을 붙들어다가
생체실험을 다 하다니

씨발,
구덩이 파라고 시켜놓고
구덩이 판 사람을
구덩이가 삼키게 하다니

구 동양척식주식회사 별실이

피가 거꾸로 솟구친

나로 하여금

육두문자를 연발하게 한다

구 동본원사의 첫 번째 다가올 과거는 구 목포중앙교회다

반야용선인
구 동본원사의 첫 번째 다가올 과거는
방주인
목포중앙교회다

부동명왕상不動明王像과 홍법대사상弘法大師像이 후원자인
구 동본원사가 개종한 건지
밀려난 건지
여전히 구분이 안 된다

반야용선은 반야용선이고
방주는 방주인데
반야용선이 방주로 쓰였으니
이런 어처구니가

반야용선인
구 동본원사의 두 번째 다가올 과거는
목포문화재재단과 동고동락하는
오거리문화센터이다

오거리문화센터가
누구에게도
자리를 내줄 생각이 없기에
반야용선으로 돌아갈 길은 요원하다

반야용선인
구 동본원사의 첫 번째 다가올 과거는
방주인
목포중앙교회다

* 부동명왕^{不動明王}: 부동명왕은 밀교에서 중요한 역할을 하는 부처로 홍법대사가 안치된 것에 함께 나타나는 수가 많다. 홍법대사가 당나라에서 유학하고 돌아올 때 풍랑을 만났는데 부동명왕이 지켜주었다고 한다.
* 홍법대사^{弘法大師}: 일본진언종의 개조로 이름은 공해^{空海}, 속성은 좌백직^{佐伯直}이며 홍법^{弘法}은 법명이다. 774년에 태어나 835년에 열반하였다. 804년 중국 당나라에 건너가 수행한 후 806년에 귀국하여 불법을 전교 일본불교의 선각자가 되었다. 도래인이라는 설이 있다. (목포의 역사와 이야기 100선 참조)

구 목포일본영사관과 구 동양척식주식회사가 반반한 건 사실이다

구 목포일본영사관과
구 동양척식주식회사가 반반한 건
사실이다,
사실무근이어야 하는데

욱일기旭日旗에게 부역한 걸 생각하며
구 목포일본영사관과
구 동양척식주식회사의 기를 살려주는
듣기 좋은 소리를 한 마디도 해서는 안 된다

구 목포일본영사관과
구 동양척식주식회사가 반반하지 않았더라면
이제까지 살아남지 못하고
진즉 증발하였을 것이다

놔두자니 자존심이 허락 안하고
없애버리자니 아깝고
둘 사이에서 고민하다가
실속을 챙긴 것이다

구 목포일본영사관과

구 동양척식주식회사가 반반하다는 생각은
맘속으로만 하고
저 놈들 앞에서 절대 내색하지 말아야 한다

구 목포일본영사관과
구 동양척식주식회사가 반반한 건
사실이다,
사실무근이어야 하는데

구 목포일본영사관과 구 동양척식주식회사는 입이 천 개라도 할 말이 없어야 한다

욱일기旭日旗의 만행을 이실직고하는 것 말고는
구 목포일본영사관과 구 동양척식주식회사는
입이 열 개 아닌
백 개라도 할 말이 없어야 한다

면화, 쌀, 소금은 말할 것도 없이
놋쇠 밥그릇까지
수탈해 간 욱일기旭日旗의
하수인이 뭔 할 말이 있겠는가

구 목포일본영사관은 동굴 하나만으로도
구 동양척식주식회사는 금고 하나 만으로도
욱일기旭日旗의 하수인이었다는 사실을
숨길 수가 없다

미운 털 중에 미운 털인
구 목포일본영사관과 구 동양척식주식회사의 탯자리가
조선의 목포인 것은 빼도 박도 못하는 사실이니
이런 아이러니가

포로교환이 불가능한 전쟁포로인

구 목포일본영사관과 구 동양척식주식회사를
인도주의적 차원에서 우리가 돌보고 있는 것을
저들이 알까

욱일기旭日旗의 만행을 이실직고하는 것 말고는
구 목포일본영사관과 구 동양척식주식회사는
입이 백 개 아닌
천 개라도 할 말이 없어야 맞다

구 목포일본영사관과 구 동양척식주식회사를 주시해야 한다

목포근대역사관으로 변신한
구 목포일본영사관과
구 동양척식주식회사의 일거수일투족을
주시해야 한다

구 목포일본영사관과
구 동양척식주식회사가 새로 부여된 임무를
성실히 수행하고 있기는 하나
속내를 헤아릴 수 없다

구 목포일본영사관과
구 동양척식주식회사가 눈치 못 채게
주시를 해야 하니
신경이 많이 쓰일 것이다

구 목포일본영사관과
구 동양척식주식회사에게
만만하게 보였다간
다시 허튼 생각을 할 수 있다

수단으로 다루지 말고

목적으로 다루라는 말처럼
인격적으로 대하되
절대로 빈틈을 보여서는 안 된다

목포근대역사관으로 변신한
구 목포일본영사관과
구 동양척식주식회사의 일거수일투족을
주시해야 한다, 낱낱이

구 목포일본영사관과 구 동양척식주식회사가 만나지 못하게 해야 한다

목포근대역사관 1관과 2관으로 변신한
구 목포일본영사관과
구 동양척식주식회사가
사적으로 만나지 못하게 해야 한다

돌아간 욱일기旭日旗가
독도는 자기네 땅이라 우기고
위안부들에게 사죄하지 않는 한
과거사가 정리된 것이 아니다

구 목포일본영사관과
구 동양척식주식회사가
욱일기旭日旗가 언젠가는 돌아와
자기들을 구해 주리라 믿고 있을 수 있다

동병상련인
구 목포일본영사관과
구 동양척식주식회사가 만나
무슨 음모를 꾸밀지 모른다

이제는 우리와 한 식구가 된

구 목포일본영사관과
구 동양척식주식회사를
여전히 주시해야 하니 마음이 편치 않다

목포근대역사관 1관과 2관으로 변신한
구 목포일본영사관과
구 동양척식주식회사가
사적으로 만나지 못하게 해야 한다,
절대로

구 목포일본영사관과 구 동양척식주식회사가 눈빛을 주고받고 있다

전쟁고아 아닌 전쟁포로인
구 목포일본영사관과 구 동양척식주식회사가
눈빛을 주고받고 있는 것을
한참 뒤에 알았다

구 목포일본영사관과 구 동양척식주식회사가
그 동안 눈빛으로
무슨 이야기를 주고받았는지
알 수는 없다

구 목포일본영사관과 구 동양척식주식회사가
무슨 이야기를 주고받았던
지난 것은 내버려두고
앞으로 주고받는 것을 알아내야 한다

구 목포일본영사관과 구 동양척식주식회사가
눈빛을 주고받는 것을
우리가 눈치 챈 것을
누구에게도 발설해서는 안 된다

하루 빨리 안화眼話를 익혀

구 목포일본영사관과 구 동양척식주식회사가
주고받는 눈빛의 내용을 파악해
사고를 미연에 방지해야 한다

전쟁고아 아닌 전쟁포로인
구 목포일본영사관과 구 동양척식주식회사가
눈빛을 주고받고 있는 것을
이번에야 알았다

구 목포일본영사관과 구 동양척식주식회사가 전향^{轉向}을 하였다

전쟁포로로서 장기수인
구 목포일본영사관과
구 동양척식주식회사가 전향을 하였다

구 목포일본영사관마저 목포근대역사관으로
새로운 임무가 주어지자
둘이 함께 전향을 한 것이다

돌아가라 하여도 돌아갈 수 없고
돌아가고 싶어도 돌아갈 수 없는 현실이
현명한 선택을 하게 한 것이다

전향한 것을 좀 더 일찍 알았더라면
나의 뇌리 속에
계속 미운털로 남아있지 않았을 것이다

목포근대역사관으로 변신하여
임무수행을 하고 있는데
누구보다 열심이다

전향한 사실을

욱일기旭日旗가 눈치 채지 않도록
우리가 입을 봉해야 한다

전쟁포로로서 장기수인
구 목포일본영사관과
구 동양척식주식회사가 전향을 하였다

구 목포일본영사관과 구 동양척식주식회사가 전향은 하였어도 개종은 하지 않았다

조선침략의 명백한 증거물인
구 목포일본영사관과 구 동양척식주식회사가
전향은 하였어도 개종은 하지 않았다

구 목포일본영사관과 구 동양척식주식회사가
개종을 하지 않은 것은
신사神社가 놓아주지 않아서다

오거리 문화센터로 변신한
구 동본원사가
전향하였다는 말은 듣지 못했다

유달산 일등봉 손가락 바위 아래
부동명왕상과 홍법대사상과 뜻을 같이 하니
전향은 불가능한 것이다

구 목포일본영사관과 구 동양척식주식회사가
전향을 하였다 하여
그저 좋아할 일이 아니다

구 목포일본영사관과 구 동양척식주식회사의

정신을 지배하는 건
못 말리는 신사다

구 목포일본영사관과 구 동양척식주식회사가
전향은 하였어도
개종은 하지 않았다

구 목포일본영사관과 구 동양척식주식회사가 전향轉向을 하였다 하여

전쟁포로로 장기수인
구 목포일본영사관과 구 동양척식주식회사가
전향을 하였다 하여
주의를 소홀히 해서는 안 된다

누가
자기 조국에 등 돌리는 일을
마지못해 하지
자발적으로 하겠는가

내가
구 목포일본영사관과 구 동양척식주식회사라 하더라도
감시자를 안도하게 해놓고
기회가 생기면 내빼려고 할 것이다

내빼서
조국의 품에 안기게 되면
감시자의 주의를 딴 데로 돌리기 위해서
전향한 것이라며 강변할 것이다

전향을 하지 않은 것이

미움 받을 일도 아니요
전향을 한 것이
이쁨 받을 일도 아니다

전쟁포로로 장기수인
구 목포일본영사관과 구 동양척식주식회사가
전향을 하였다 하여
감시를 소홀히 해서는 안 된다

구 목포일본영사관과 구 동양척식주식회사는 부려먹는다고 생각할 수 있다

목포근대역사관으로 변신한
구 목포일본영사관과 구 동양척식주식회사는
우리가 부려먹는다고 생각할 수 있다,
이 정도도 못 참고

즈그는
징병에, 징용에, 위안부까지
살육, 혹사, 능욕 등
온갖 만행을 저질렀으면서도

꼼짝달싹 못할 증거인
뒷마당의 방공호 하나만으로도
위안부 사진 한 장만으로도
변명의 여지가 없으면서

즈그들이
이제까지 살아남은 것은
반반해서가 아니라
이런 임무라도 수행하고 있기 때문인 것을

의붓자식에게 아무리 잘해줘도

구박한단 말 듣는 계모처럼
전쟁포로인 즈그들에게
우리가 인간적으로 아무리 잘해줘도

목포근대역사관으로 변신한
구 목포일본영사관과 구 동양척식주식회사는
우리가 부려먹는다고 생각할 수 있다,
분수도 모르고

부동명왕상不動明王像과 홍법대사상弘法大師像은 분수를 알고 있다

절대로
나서지 않는 것을 보면
부동명왕상과 홍법대사상은
분수를 알고 있다

자신들이 근대문화유산이기 전에
조선침략의 명백한 증거물이라는
빼도 박도 못하는 사실을
잘 알고 있다

부동명왕상과 홍법대사상이
이제까지 살아남은 것은
조선인들이 마음이 너그러워서이기도 하지만
나서지 않아서이다

부동명왕상과 홍법대사상은
자신들이
우리들의 앳가심이자 눈엣가시라는 것을
너무도 잘 알고 있다

부동명왕상과 홍법대사상은

괜히 나섰다가
우리들의 눈 밖에 나면
자신들이 끝장난다는 것을 잘 알고 있다

꿈에도
나서지 않는 것을 보면
부동명왕상과 홍법대사상은
분수를 알고 있다

유달산이 부동명왕상과 홍법대사상을 붙들다

부동명왕상과 홍법대사상이
나서지 않는 것이 아니라
나서고 싶어도
나서지 못한 것이다

분수를 안
부동명왕상과 홍법대사상이
나서지 않아 살아남은 것이라고
이구동성으로 말한다

부동명왕상과 홍법대사상이
나서려고 하면
유달산이 몸을 붙들고
죽어도 놓아주지 않은 것이다

유달산이
부동명왕상과 홍법대사상을
붙들지 않으면
사고 칠 게 불 보듯 뻔하다

사고란 게

사고 치고 싶어서
사고 치는 게 아니라
생각지 못한 데서 사고 치는 것이다

부동명왕상과 홍법대사상이
나서지 않는 것이 아니라
나서고 싶어도
나서지 못한 것이다

손가락바위가 나에게 눈빛을 보내다

일등바위와 동고동락하는
손가락바위가
나에게 눈빛을 보낸다

유달산의 앳가심이자
나의 눈엣가시인
부동명왕상과 홍법대사상을
다른 사람들은 대충 넘어가는데
나는 대충 넘어가지 않는다고

다른 사람들이 대충 넘어갈 때
나라도 대충 넘어가지 않아야
부동명왕상과 홍법대사상이 나서지 않지

나마저 대충 넘어가면
부동명왕상과 홍법대사상이
구 목포일본영사관과 구 동양척식주식회사에게
힘을 실어줄 게 뻔하지 않은가

일등바위와 동고동락하는
손가락바위에게

내가 눈빛을 보낸다

* 일등바위와 동고동락하는 손가락바위 아래 암벽에 부동명왕상과 홍법대사상이 있다.

유자儒者인 일등바위가 나에게 눈빛을 보내다

유자儒者인
일등바위가 나에게 눈빛을 보낸다,
손가락 바위에게 들었다며

부동명왕상과 홍법대사상 때문에
너무 열 받지 마란다

눈에 쌍심지 켜다 보면
인상만 더러워지고
인성 나쁘다는 오해를 살 수 있다고

유자儒者인 자기는 부동이화不同而和를 이루려
안간힘을 쓰고 있다고

나라도 눈에 쌍심지를 켜야
부동명왕상과 홍법대사상이
다시는 조선을 간보지 않지

느슨하게 대했다간
뒤통수를 맞을 것이여

유자儒者인
일등바위에게 내가 눈빛을 보낸다,
손가락바위에게 전하라며

부동명왕상과 홍법대사상이 나에게 유감이 많다

유달산의 앳가심이자
나의 눈엣가시인
부동명왕상과 홍법대사상이
나에게 유감이 많다

언젠가부터
부동명왕상과 홍법대사상이
나를 외면하는 것을 보면
나에게 감정이 있다는 것이다

손가락 바위 아래 암벽이 부상 당하지 않게
부동명왕상과 홍법대사상을
제거해버리면 좋겠다는 생각이
나를 찾아온 뒤부터이다

부동명왕상과 홍법대사상을
제거할 수 없으면
채색이라도 지워버리면 좋겠다는 생각이
나에게 든 때부터이다

부동명왕상과 홍법대사상 앞에서

내색한 적도 없고
누구에게 내 생각을 내보인 적도 없는데
그렇다면 저것들이 내 마음을 읽었다는 말인가

유달산의 앳가심이자
나의 눈엣가시인
부동명왕상과 홍법대사상은
나에게 유감이 많은 정도가 아니다

부동명왕상과 홍법대사상에게 변명할 생각이 없다

나만 보면 고개를 돌리는
부동명왕상과 홍법대사상에게
사과는커녕
변명할 생각도 없다

나만 즈그들을 제거하려는 마음을 먹은 것이 아니라
나만 즈그들의 채색을 지우려는 마음을 먹은 것이 아니라
나 이외에도 많은 사람이
나와 같은 마음을 먹을 것이다

내가 마음에 먹은 것을 즈그들이 알 리가 없고
내가 마주칠 때마다
내가 단지 까칠하게 굴었을 뿐
다른 내색을 한 적이 없다

즈그들 대신에
단군왕검과 이순신 장군 아니면
서산대사와 사명대사로 덮어씌우자고 주장하고 싶어도
내가 꾹 참고 있는 것을

즈그들을 제거할 방법이 없는 것이 아니라

방법을 찾으면 있기에
내게 싫은 내색을 하기보다
내 비위를 맞추려고 노력해야 맞지

나만 보면 고개를 돌리는
부동명왕상과 홍법대사상에게
변명은커녕
눈빛도 주기 싫다

부동명왕상과 홍법대사상을 그대로 둬야 하나 제거해야 하나 그것이 문제다

송환 불가능한 전쟁포로 중 거물급인
부동명왕상과 홍법대사상을
그대로 둬야 하나
제거해야 하나 그것이 문제디

전향하지 않은 장기수인
부동명왕상과 홍법대사상이
유달산에게는 앳가심이요
우리에게는 눈엣가시인 것을

일흔세 해가 지나도록 결론을 내리지 못한 것은
제네바 포로협정이 지켜보고 있어서인데
송환 불가능한 포로에 대한 대책을
제네바 포로협정이 미처 세우지 못하여서다

송환 불가능한 포로에 대한 대책을
제네바 포로협정이 세웠든 세우지 않았든
우리가 맘만 먹으면 제거할 수도 있으나
우리가 그럴 정도로 모질지 못한 것이다

떠도는 말 중에

홍법대사가 도래인이라는 말이 있는데
그것이 사실이라면
홍법대사상이라도 구슬려 전향시켜야 한다

송환 불가능한 전쟁포로 중 저명인사인
부동명왕상과 홍법대사상을
제거해야 하나
그대로 둬야 하나 그것이 문제다

부동명왕상과 홍법대사상이 다소곳해지다

케이블카 공사로
인부들의 발자국이 무성해진 뒤에
부동명왕상과
홍법대사상의 태도가 달라졌다

일등바위와 손가락바위가
부동명왕상과 홍법대사상에게
뭐라 귀띔해 주어서가 아니라
케이블카 공사가 시작된 뒤부터이다

임부들의 눈 밖에 났다가 제거되는 것은
아무것도 아니라는 것을
부동명왕상과 홍법대사상이
스스로 깨우친 것이다

케이블카 철탑이 곳곳에 얼굴 내밀자
유달산 뻐꾹새 울음소리가 예전보다 못하다는 것을
제일 먼저 알아차린 이들이 바로
부동명왕상과 홍법대사상이다

케이블카 공사가 끝나

유달산과 고하도가 통하게 되면
먼 걸음을 한 경향각지의 길들에게
즈그들이 미운털이라는 것을 누구보다 잘 안다

케이블카 공사로
인부들의 발자국이 무성해진 뒤에
부동명왕상과
홍법대사상이 다소곳해졌다

구 목포청년회관은 떳떳하다

구 목포청년회관은
구 목포일본영사관과 구 동양척식주식회사처럼
반반하지는 않아도
떳떳하다

청년운동과 독립운동의 산실인
구 목포청년회관이
육체보다 정신이 더 중요하다는 걸
일깨워 준다

누군가가
어떻게 살았냐고 물을 때
떳떳하게
대답할 수 있어야 한다

떳떳하게
대답하지 못하고
얼버무리는 생은
바람직한 생이라 할 수 없다

구 목포청년회관은

구 목포일본영사관과 구 동양척식주식회사처럼
웅장하지는 않아도
떳떳하다

조선은행 목포지점

한국은행에게
바통을 넘겨주고 사라진
조선은행 목포지점을 사진으로 만났다,
목포근대역사관 1관에서

사진이 실물보다 나은지
사진이 실물보다 못한지 알 수 없으나
조선은행 목포지점이
너무도 반반한 것에 놀랐다

조선은행 목포지점의
외모가 반반하기만 한 것이 아니라
당당하고 늠름하기까지 하나
속은 어떠했는지 궁금하다

책임과 의무를 다했다는 말로
나의 질문을 피해 갈 수도 있겠으나
갑질을 어느 정도 했을 거라는 것이
나의 생각이다

한국은행에게

바통을 쥐어주고 증발한
조선은행 목포지점을 사진으로 만났다,
목포근대역사관 1관에서

구 목포공립심상소학교 강당

일제가 자기들만 살겠다고
놔두고 달아난
구 목포공립심상소학교 강당이 건재하고 있다,
일흔다섯 해가 지났는데도

목포공립심상소학교의 대를 이은
유달초등학교가
구 목포공립심상소학교 강당을
제 자식처럼 아껴 오늘에 이른 것이다

제 자식이 아니라고 구박했다면
구 목포공립심상소학교 강당이
맨날 달아날 생각만 하다가
지쳐 쓰러졌을 것이다

미운 오리새끼인
구 목포공립심상소학교 강당이
뭔 꿈을 꾸는지 몰라도
우리 가족이 된 지 오래됐다

욱일기旭日旗가 달아날 때

함께 달아나지 못한
구 목포공립심상소학교 강당이 건재하고 있다,
일흔다섯 해가 지났는데도

그 많던 근대문화유산들은 다 어디로 갔나

송환이 불가능한
전쟁포로인
그 많던 근대문화유산들은 다 어디로 갔나

한때 잘나간 근대문화유산들이
스스로 달아났을 리 없고
민족의 정기를 세우기 위해
다 폐기처분해 버렸나

목포근대역사관 1관, 목포근대역사관 2관, 오거리문화센터로 변신한
구 목포일본영사관, 구 동양척식주식회사, 구 동본원사는
조선침략의 증거물로 채택하려고 붙들어 놓고
나머지 근대문화유산들은
다 폐기처분해 버렸나

당당하지는 못해도
반반한 근대문화유산들이 한 둘이 아닌데
전향을 시켜 아니 전향을 시키지 않더라도
부려먹을 수 있는데
다 폐기처분해 버리다니

실속보다
민족의 정기를 세우는 것이
더 중요하다는 걸 가르치려고
다 폐기처분해 버렸나

송환이 불가능한
전쟁포로인
그 많던 근대문화유산들은 다 어디로 갔나

목포진 역사공원에서

목포진에게
주적이
누구냐, 물어 보나마나
주적은 왜구다

논바닥의
거머리처럼
조선의 피를 빨아먹으려
기회만 엿본 놈들이다

궁수인
목포진의 과녁이
언제나 왜구인 이유가
바로 거기에 있다

조선을 넘보지 못하도록
혼쭐냈어야 했는데
괜히 엉거주춤 넘어가줘 가지고
삼십육 년이나 쥐여살다니

목포진에게

주적이
누구냐, 물어 보나마나
주적은 왜구다

경동성당

　　-사제란 타인이 고독하지 않도록 자기 스스로 홀로 살아가는 사람이다. - (앙드레 프로사르)

경동성당은 언제나 정장이다

수단 아니면
로만 컬러에 검정양복이다

남들에게
흐트러진 모습을 보이면 안 되기에
불편을 감수해야 한다

품위를 잃으면
입방아에 오르는 것은 물론이고
무시를 당하는 것이 일반사이기에
품위를 유지해야 하는 데
정장이 여러 몫을 한다

품위 따윈 저리 가라,
오직 복음으로
천주의 어린 양들을 이끌고 가려는
의도는 좋았으나
결과가 잘못돼 뜨거운 맛을 본 적이 있다

우리나라 최초로 '레지오 마리애'를
거느리고
'죄인의 의탁 쁘레시디움'까지
거느린 경동성당이
병가상사兵家常事란 말을 모를 리 없으나
다시는 실수를 되풀이하고 싶지 않은 것이다

경동성당은
수단 아니면
로만 컬러에 검정양복의 정장이다

약사사와 목포중앙교회 그리고 목포진

목포진 가는 길
목포 중앙교회와 부동이화 중인
지장보살입상이 보디가드인
약사사가 목포진을 지켜주고 있나

증발할 위기에 처해 있다가
다시 태어난
누구도 대적하지 못할
목포진이 약사사를 지켜주고 있나

목포중앙교회가 약사사 곁으로 간
사연도 궁금하지만
약사사가 목포진 곁으로 간
사연도 궁금하다

목포중앙교회와 약사사가 둘이서
함께 힘을 모아
목포진을 지켜줄 수도 있고
목포진이 역으로 둘을 지켜줄 수도 있다

힘이야 칼과 활로 무장한

목포진이 한 수 위지만
정신은 여시아문과 가라사대로 무장한
부처와 예수의 말씀이 몇 수 위다

목포 중앙교회와 약사사 둘이서만
부동이화 중인 게 아니라
새로 태어난 목포진까지 셋이서
부동이화 중이다

남부교회

해방 후에 태어난
남부교회와 백범 사이
인연의 싹이 텄다

木浦南部敎會
尊敬上帝
丙戌秋 金九가

고스란히 담긴
곱게 늙은 액자가
그걸 입증하고도 남는다

해방을 만끽한
백범이 다녀갔는지
남부교회가
백범을 만나고 왔는지 알 수 없다

어느 경우든
남부교회와 백범 사이
인연의 싹이 튼 건
사실이다

남부교회는
그냥 남부교회가 아니라
백범과 인연의 싹이 튼
남부교회다

木浦南部敎會(목포남부교회)
尊敬上帝(존경상제)
丙戌秋(병술추) 金九(김구)가

* 안철 장로의 아버지 안동해 목사님, 목포극장 사장인 조문수 장로님의 증언에 의하면 구 남부교회에 김구 선생님이 방문하여 쓴 것이라 한다. 당시 낙관을 소지하지 아니하여 낙관용 글씨를 써주시고 갔다고 한다.

성옥기념관은 산호벽수^{珊瑚碧樹}다

산호벽수를 알아보는
눈을 가진
성옥기념관은 산호벽수다

산호벽수를 알아보는
눈을 가진 이가
세상에 흔치 않은 것을

산호벽수를 알아보고
뒷바라지해 준 이는
더 흔치 않은 것을

산호벽수를 한 군데 모아
이웃들과 공유하는 이는
더더욱 흔치 않은 것을

이훈동정원과 동고동락하는
성옥기념관은
산호벽수들의 낙원이다

산호벽수를 알아보는

성옥기념관은
산호벽수 중의 산호벽수다

목포상공회의소는 이용후생^{利用厚生} 학파이다

목포상공회의소는 이용후생학파이다,
누가 뭐라 하지 않아도

이용후생학파인
박지원 · 박제가 · 홍대용의 후예인
목포상공회의소는
열하일기, 북학의, 의산문답은 이미 만났을 것이다

이미 만났어야 할
열하일기, 북학의, 의산문답을 만나지 않았다면
늦었다 할 때가 가장 빠른 때이니
이제라도 만나
이용후생이 뭔가를 정확히 파악해야 한다

누가 이용후생이 뭐냐고 물으면
이용후생학파는 물론
이익 경세치용학파에서
김정희 실사구시학파에 이르기까지
18세기 이후 실학의 흐름을
거침없이 들이대야 한다

실학을 넘어
하부구조가 상부구조를 규정한다는
역사적 유물론까지 나아가면
금상첨화錦上添花일 것이다

목포상공회의소는 이용후생학파이다,
누가 뭐라 하든

노적봉露積峯이 문무文武를 겸하다

예나 지금이나
누구도 범접 못할 힘을 지닌
노적봉이 문무를 겸하였다
긴 칼 옆에 차지 않은
노적봉이 왜적들을 무찌르는데
큰 공을 세웠다
앞으로도 뭔 일 있으면
가만히 앉아서 또 큰일을 할 것이다
세상의 기강을 바로 잡겠다고
노적봉이 벌떡 일어나
완장 차고 돌아다니면
다들 뒤로 나자빠질 것이다
다들 뒤로 나자빠지면
노적봉이 다 책임져야 하는데
그런 손해 날 일을 왜 하겠는가
해와 달, 별빛과 동고동락하는
뼛속까지 유자儒者인
노적봉이 문무를 겸하였다

2부

목포갈매기

목포항을 떠나는
뱃고동소리를
배웅하는
니야오 니야오

목포항에 돌아오는
뱃고동소리를
마중하는
니야오 니야오

마중과
배웅을
동시에 하는
니야오 니야오

사연 많은
목포항에
죽치고 있는
니야오 니야오

목포항

일제강점기 수탈의 도구로 이용되었던
불쾌한 추억을 떨쳐내느라 힘들었다

동고동락한
섬들의 앞날을 생각하지 못했다면
불쾌한 추억의 볼모가 되었을 것이다

저마다 한 그루 꽃나무인
하의, 장산, 비금, 도초, 안좌, 암태, 신의,
자은, 임자, 지도, 팔금, 증도, 흑산이
매일 드나든다

거목인 제주까지 드나드니
입이 벌어질 수밖에 없다

드나드는 섬들과 함께한
꽃향기와 새들의 울음소리에
코를 킁킁거리고
귀를 곤두세우기도 한다

일제강점기 수탈의 도구로 이용되었던
불쾌한 추억을 떨쳐내느라 힘들었다, 많이

목포는 항구다 1

- 영산강 안개 속에 기적이 울고

반반한
영란횟집을 만나고 간
경향각지의 길들을
줄 세우면 어디까지 나아갈까

- 삼학도 등대 아래 갈매기 우는

낫낫한
선경준치횟집을 만나고 간
경향각지의 길들을
줄 세우면 어디까지 나아갈까

- 그리운 내 고향 목포는 항구다

늠름한
코롱방제과점을 만나고 간
경향각지의 길들을
줄 세우면 어디까지 나아갈까

- 목포는 항구다 똑딱선 운다

* 조명암이 작사한 대중가요 '목포는 항구다' 1절을 차용하였다.

목포는 항구다 2

- 유달산 잔디 위에 놀던 옛날도

곱게 늙은 노적봉의
노적가리 사연을
모르고 돌아가면
목포를 맛봤다 할 수 없다

- 동백꽃 쓸어안고 울던 옛날도

돌아온 삼학도의
세 마리 학의 사연을
모르고 돌아가면
목포를 맛봤다 할 수 없다

- 그리운 내 고향 목포는 항구다

서산동 시화골목에 만개한
조금새끼의 사연을
모르고 돌아가면
목포를 맛봤다 할 수 없다

- 목포는 항구다 추억의 고향

* 조명암이 작사한 대중가요 '목포는 항구다' 2절을 차용하였다.

삼학도 三鶴島

삼학도는
거느린 것이 많아
한가하게 쉬고 싶어도 쉬지 못한다

이난영공원,
김대중 노벨평화상 기념관,
목포어린이바다과학관을 방문하는
경향각지 길들 중에는
못 믿을 길도 있을 수 있으니
항상 긴장해야 한다

못 믿을 길이
처음부터 따로 있는 것이 아니라
불쑥
못 믿을 길이 생겨나는 것이다

하나도 아니고
셋이나 되는
저명인사들의 뒤치다꺼리를 하는 것이
쉬운 일이 아니다

거느린 것이 많아 보대낀
삼학도가
먼 옛날로
돌아갈 수 있으면
돌아가 한가히 쉬고 싶어 한다

삼학도가 유달산을 하염없이 바라보다

삼학도가
유달산을 하염없이 바라보는 것은
사모하는 이가
바로 어깨가 건장한 유달산이어서다

혼자라면 날아가
유달산의 품에 안기고 싶지만
남은 둘을 배려하여
서로 눈치만 보고 날아가지 않는다

서로 시기하거나 모함하지 않고
자매처럼 셋이서
서러움을 나누는 것을 보면
우애가 바다보다 깊다

유달산도 한걸음에 달려와
삼학도를 껴안아 주고 싶지만
셋을 한꺼번에 껴안았다간
입방아에 오르기에 달려오지 않는다

모를 일이다,

너도 나도 모르는 사이
삼학도와 유달산이
눈빛으로 많은 일을 저지르고 있는지

삼학도가
유달산을 하염없이 지켜보는 것은
사모하는 이가
바로 어깨가 튼튼한 유달산이어서다

이난영공원은 목이 쉬지 않는다

경향각지 길들을 위하여
이난영공원이 '목포의 눈물'을
눈이 오나 비가 오나
불러대는데
목이 쉬지 않는다

- 사공의 뱃노래 가물거리면
삼학도 파도 깊이 스며드는데
부두의 새악시 아롱젖은 옷자락
이별의 눈물이냐 목포의 설움

비석에 새겨진
'목포의 눈물'만으로
경향각지 길들의
마음이 다 차지 않으리라 생각하고
차지 않은 부분을
노래로 메꿔준다

- 삼백년 원한 품은 노적봉 밑에
임자취 완연하다 애달픈 정조
유달산 바람도 영산강을 안으니

임그려 우는 마음 목포의 사랑

삼학도 파도 깊이 스며드는
'목포의 눈물'이
목포의 노래가 아니고
민족의 노래라는 것을
경향각지 길들에게
은연중에 가르치려고
안간힘을 쓴다

- 깊은밤 조각달은 흘러가는데
어찌타 옛 상처가 새로워진가
못오는 임이면 이 마음도 보낼것을
항구에 맺는 절개 목포의 사랑

경향각지 길들을 위하여
이난영공원은 '목포의 눈물'을
눈이 오나 비가 오나
불러대는데
목이 잠기지 않는다

* '목포의 눈물' 가사를 1절부터 3절까지 차용하였다.

김대중 노벨평화상 기념관이 목소리가 창창하다

행동하는 양심,
김대중 노벨평화상 기념관이
목소리가 창창하다

절정에 오른
사십대다

김대중 노벨평화상 기념관이
민주주의의 수호와
인권 신장을 위해
늦은 나이에도
목소리를 낮추지 않고 있다

깨알 같은 글씨를 거느린
봉함엽서들이 어깨동무한
옥중서신 한 권만으로도
김대중 노벨평화상 기념관을 알 수 있다

함께 어울린
지구상의 저명인사들이
김대중 노벨평화상 기념관의 수준을

가늠하게 해 준다

돌아온 삼학도가
어깨에 힘을 주는데
한몫하였다

평화와 민주의
김대중 노벨평화상 기념관이
목소리가 창창하다

목포어린이바다과학관이 동안^{童顔}이다

목포어린이바다과학관이 동안이다

아이들과 어울리다 보니
동안이 되었는지
타고난 동안이었는지
생각해 볼 일이다

생각해 볼 필요도 없이
목포어린이바다과학관은 타고난 동안이지
아이들과 어울리다가
나중에 동안이 된 게 아니다

목포어린이바다과학관은
호기심 많은 아이들이
지루하지 않게
바다에 관한한 모든 것을 쫙 끼고 있다

아이들이 갈치에 관하여 물으면
손잡이 없는 장검이라 하고
홍어에 대하여 물으면
바다 속 연^{鳶}이라고 가르쳐 준다

낮은 바다,
가운데 바다,
깊은 바다에 사는 물고기들이
목포어린이바다과학관을 밀어주고 있다

가거도 등대까지
제 몸을 복제하는 것을
허락해 주어
목포어린이바다과학관이 날개를 달았다

목포어린이바다과학관이 동안이다,
타고난

목포연안여객선터미널은 불인不仁이다

신분증 내놓지 않으면
누구에게도
승선표를 주지 않는
목포연안여객선터미널은 불인不仁이다

만에 하나
바다의 눈 밖에 나거나
바다에게 뒤통수라도 맞으면
목포연안여객선터미널이 책임져야 하기에
불인不仁이다

목포연안여객선터미널이
바다처럼 타고난 불인不仁이 아니라
지문으로 신분을 확인해 주는
기계를 거느린
융통성 있는 불인不仁이다

하의, 장산, 비금, 도초, 팔금, 안좌
흑산, 홍도를 비롯한
다도해의 크고 작은 섬들에게
누가 인仁이란 말 듣고 싶지

누가 불인不仁이란 말 듣고 싶겠는가

안전, 안전이 제일 우선인
구명조끼인
목포연안여객선터미널에겐
不仁이 仁이고 仁이 不仁이다

신분증 내놓지 않으면
누구에게도
승선표를 주지 않는
목포연안여객선터미널은 불인不仁이다

* 불인(不仁): 어질지 않다는 뜻이다.

목포항 국제여객터미널이 저명인사들을 거느리고 있다

놀아도 크게 노는
목포항 국제여객터미널이
바다의 저명인사들을 거느리고 있다

씨스타크루즈호,
산타루치노호,
퀸메리호

바다의 신 포세이돈의 눈 밖에 나지 않도록
교육을 시켜 보내는데
자신부터 나태하지 않는 모습을 보여준다

사이렌이 따로 없으니
누구의 유혹에도 넘어가지 마라고
바다의 저명인사들에게 신신당부한다

해와 달, 별들의 사랑을 받는
바다의 저명인사들이
힘이 파이지 않도록 뒤에서 밀어준다

놀아도 크게 노는

목포항 국제여객터미널이
바다의 저명인사들을 거느리고 있다

달과 별들이 시스타크루즈호에 취하다

달과 별들이
시력이 얼마나 좋기에
시스타크루즈호에 취한다냐

별들의 눈을 들여다보니
별들의 눈빛이
뽕가버린 것을

달의 시력이야
공인 받은 지 오래이기에
뭐라 운운할 필요가 없어

조신해야 할 달이
시스타크루즈호에 취한 것은
문제가 있는 것을

별들은 취해도
다른 별들이
금방 제 정신을 차리게 하는데

혼자인 달이 취하면

돌봐 줄
또 다른 달이 없으니

취한 달을
정신이 돌아오도록
별들이 도와줄 리도 없고

시력이 도대체 몇이기에
달과 별들이
시스타크루즈호에 취한다냐

항동시장

항동시장의 가게들이 사열을 하고 있다,
나를 위하여

한때 잘나간
'목포의 눈물'이
'목포는 항구다'가
'꽃피는 유달산아'가
나를 수행하고 있다

문득 항동시장의 가게들이
나를 위하여 사열하는지
'목포의 눈물'을
'목포는 항구다'을
'꽃피는 유달산아'을 위하여
사열하는지
헷갈린다

누구를 위해서
사열하든
사열한 건 분명하다

부동이화중인
항동시장의 그 많은 가게들이
좌우에서 사열을 하니
이보다 더
기분이 좋을 수가 없다

항동시장의 가게들이 사열을 하고 있다,
나만을 위하여가 아니라
만인을 위하여

3부

한양직업학교

노인을 위한 나라는 있다,
잘 들여다보면

이순의 江을 건넌 지 오래인
길들에게까지
포토샵을
일러스트레이터를
무상으로 안겨주는 것을 보면

교재도
교통비도
챙겨주는 것을 보면

취직 아니면
창업을 하도록
뒤에서 팍팍 밀어주는 것을 보면

노인을 위한 나라는 있다,
잘 들여다보지 않아도

* '노인을 위한 나라는 있다': 윌리엄 버틀러 예이츠의 '비잔티음 항해'라는 시의 첫 귀절 ' 노인을 위한 나라는 없다'을 변용하였다.

오거리의 꿈은 오거리시문학관이다

인의예지신仁義禮智信의 달인인
오거리에게
꿈이 뭐냐고 물으니
오거리시문학관이라고 한다

그것 말고
꿈이 뭐냐고 물으니
다른 꿈은 없다며
고개를 좌우로 흔든다

오거리의 꿈은
자나깨나
첫째도 둘째도 셋째도
오거리시문학관이라고 한다

오거리 자신이 살 길은
오거리시문학관뿐이라며
오거리시문학관이 얼굴 내밀기 전에는
편히 잠들 수 없단다

오거리에게

꿈이 뭐냐고 물으니

일편단심一片丹心

오거리시문학관이라고 한다

목포 '부라더 미싱'이 정정하다

지상에 발붙인 인간들의
삼대 과제 의식주衣食住 중의 하나인
衣를 책임진 재봉틀과 동고동락한
부라더 미싱이 여전히 정정하다

서남해의 섬들은 물론
목포, 강진, 장흥, 무안, 함평, 나주,
해남, 진도, 완도에게 재봉틀을 공급한
세월이 몇 해인가

재봉틀의 지나간 미래는 바느질이고
바늘의 지나간 미래는
돌과 짐승의 뼈로 만든 송곳이라는 걸
부라더 미싱은 누구보다 잘 알고 있다

가정용, 공업용, 특수미싱을
그냥 보내는 것이 아니라
세상을 위해서 사랑을 베푸라고
부라더 미싱이 가르쳐 보낸다

다들 새 것을 선호하는 세상에

닳아진 곳, 헤진 곳을
마다하지 말라고 재봉틀에게 가르치는
부라더 미싱의 생각이 건전하다

지상에 발붙인 인간들의
삼대 과제 의식주衣食住 중의 하나인
衣를 책임진 재봉틀과 희로애락을 함께한
부라더미싱이 여전히 튼튼하다

송월타월

산전수전 다 겪은
송월타월은
솔과 달과
운명을 함께하고 있다

송월타월의 주식이
송홧가루와 달빛인 이유를
생각이 깊지 않아도
금방 알 수 있다

솔잎과 달빛이 어깨동무하여도
아무 탈이 없는 것은
송월타월이
부동이화를 가르쳐서다

송홧가루와 달빛이
동색同色인 것을 보면
솔잎과 달 사이
염문이 싹 튼 게 분명하다

만고풍상 다 겪은

송월타월은
솔과 달과
동고동락하고 있다

구 화신연쇄점은 신사다

망백望百을 넘기고
세상을 졸업한 김영자 화백을
맘껏 가지고 놀았던
구 화신연쇄점은 신사다

다들 입을 열지 않아서 그러지
다들 한 마디씩 뱉으라 하면
이리 봐도 저리 봐도
귀티 난다 할 것이다

중절모자에
양복을 입고
지팡이를 짚고 나서면
이보다 더 멋있을 수가 없을 것이다

눈이 높아도
사정없이 높은 김영자 화백이
한 눈에 반하였다면
더 이상 설명이 필요 없다

망백望百을 넘기고

세상을 졸업한 김영자 화백을
한때 품에 안았던
구 화신연쇄점은 신사다

* 구 화신연쇄점: 한때 김영자화실이었다. '김영자 화백을 맘껏 가지고 놀았던'이라는 시구는 그걸 의미한다.

구 동아약국이 추억을 되새김질하다

뜬금없는 구호가
나의 귓전을 때리기에
따라가 보니
구 동아약국이 추억을 되새김질하고 있다

- 김대중을 석방하라
- 전두환은 물러나라
- 민주정부 수립하라
- 계엄령을 해제하라

한때 경향각지 길들의
마음의 병은 복음으로
육신의 병은 약으로 치료해 주던
구 동아약국이 나의 귀를 의심하게 한 것이다

한국 기독교 장로회 청년회 전국연합 회장으로
시대의 한복판에서 진하게 울다가
1977년 긴급조치 9호 위반으로
옥고를 치른 적이 있다

목포시민 민주화 운영위원회 위원장으로

이 땅의 민주화를 위하여
몸을 아끼지 않은 것을
목포역 광장이 다 기억하고 있다

- 김대중을 석방하라
- 전두환은 물러나라
- 민주정부 수립하라
- 계엄령을 해제하라

뜬금없는 구호가
나의 귓전에 무성하기에
따라가 보니
구 동아약국이 추억을 되새김질하고 있다

갑자옥모자점

갑자옥모자점은 이정표이다,
요지부동인

구 목포일본영사관 가는 길과
구 동양척식주식회사 가는 길과
구 화신백화점 가는 길과
선창 가는 길과 어깨동무하고 있다

묻지 마라
갑자생인 갑자옥모자점이
지금 그 자리를 떠나지 않는 것
하나만으로도 귀감이 된다

모자의, 모자에 의한, 모자를 위한
세상을 꿈꾼 갑자옥모자점이
일제강점기 본정통에서
고군분투한 것을 이웃들이 다 알고 있다

갑자옥모자점이 맘만 먹으면
시대에 편승하여
어딘가로 떠날 수 있었지만

그런 생각을 해본 적이 없다

백수白壽 지나
상수上壽 지낸 뒤에
다수茶壽 누릴 꿈을
갑자옥모자점이 꾸고 있을 것이다

갑자옥모자점은 이정표이다,
누가 봐도

* 백수白壽는 99세, 상수上壽는 100세, 다수茶壽는 108세이다.

영란횟집

나이 들수록
더 싱싱한
영란횟집은 화원 아닌 화원이다

경향각지 길들이
벌, 나비처럼
날아드는 것을 보면 희한하다

영란횟집의 향기가
몇 리를 가기에
저리 많은 길들이 날아들까

경향각지 길들을
한꺼번에 다 감당하지 못하고
대기실까지 두다니

영란횟집을 쳐다만 봐도
군침이 도는 것을
막을 길이 전혀 없으니

나이 들수록
더 팽팽한
영란횟집은 화원 아닌 화원이다

나무숲

자존심이 팽배한 나무들이
부동이화 중인
나무숲은
어물전魚物廛이다

민어가, 홍어가,
조기가, 갈치가, 넙치가
좌판에 깔려 있지 않고
벽에 걸려 있다

벽에 걸린
홍어는 연이고
갈치는 장검인데
조기는 넙치는 뭣일까

아무리
코를 쿵쿵거려도
어물전에서
비린내가 나지 않는다

자존심이 빵빵한 나무들이

부동이화 중인
나무숲은
어물전^{魚物廛}이다

능소화는 '이태리 지중해 레스토랑'이다
- 그리운 것은 담장 너머에 있다.

근대문화유산 답사 일 번지 목포의
이훈동정원 가는 길에
능소화가
불쑥 얼굴 내밀었다

능소화가
누구인지 말할 수 있는 자는 누구인가
한 번 나와 봐라, 말할 필요도 없이
능소화가 이미 이마에 써놓은 것을

능소화는
자수와 카페가 동거하는
다가올 같은 카페 아닌
이태리 지중해 레스토랑이다

에메랄드빛 지중해가 바라보이는 창가에서
식사하는 것이
꿈인 이들을 위하여
능소화가 수고를 아끼지 않는다

능소화의 품에 안기면

에메랄드빛 지중해 못지않은
반반한 나무들을 거느린 초장이
눈앞에 펼쳐진다

근대문화유산 답사 일 번지 목포의
이훈동정원 가는 길에
능소화가
소식 없이 얼굴 내밀었다

노월헌 撈月軒

담장에 찔레꽃이 얼굴 내민 저 집이
달을 건져
어딘가에 숨겨 놨다

천강千江 중 하나의 강의 달을 건졌는지
여러 강의 달을 건졌는지,
그것이 알고 싶다

천강을 다 확인하면 알 수 있으나
천강을 다 확인하기 전에
날이 새겠지

몇 개의 달이든
저 집 어딘가에 숨겨져 있을
달의 민낯을 보고 싶다

달이 비명이라도 지르면
달을 쉽게 찾아낼 수 있는데
달이 입을 봉하니

달이 비명을 지르지 않는 것은

달이 호의호식^{好衣好食}하고 있다는 것이다,
저 집 어딘가에서

꽃들이 이어달리기하는 저 집이
달을 건져
어딘가에 숨겨 놨다

찔레꽃 담장
  – 노월헌 撈月軒

덩굴장미도 아니고
능소화도 아니고
찔레꽃이
담장에 얼굴 내밀었다

담장에 얼굴 내밀었다가 아니라
월담 중이어
머지않아
담장 밖 도로에 다다르겠다

월담 중이어
담장 밖 도로에 다다르겠다가 아니라
담장을 완전히 장악하여
한세상 이루었다

에쿠스, 소나타, 그랜저, 모닝을 비롯한
차량들이 너나나나 한눈팔아
잘못하다간
자기들끼리 사고 나겠다

찔레꽃에 한눈팔아

자기들끼리 사고도 나겠지만
찔레꽃을 눈독 들여
찔레꽃을 가만두지 않을 것 같다

뻐꾹새 울음소리 만개한 들판에서
한세상 이루어야 할
찔레꽃이
담장에서 한세상 이루었다

노월헌撈月軒 마당에서 꽃나무들이 계주를 하고 있다

노월헌 마당에서
꽃나무들이
편을 갈라 계주를 하고 있다

사백 미터도 아니고
팔백 미터도 아니고
천육백 미터도 아니고

사철 내내
꽃나무들이
편을 갈라 계주를 하고 있다

개나리,
장미,
찔레,
치자,
단풍나무,
배롱나무,
석류,
태산목,
은서목,

금서목,
비파

내 눈에 띄지 않는
바통을
자기들끼리 주고받고 있다

바통을 주고받다가
넘어지는 불상사가 있었다는 말을
들어보지 못했으나
과거에 일어났었을 수도 있고
앞으로 일어날 수도 있다

못 말리는 내가
꽃나무들의 일에 끼어들어
콩 나오나
팥 나오나 신경 쓰고 있나

꽃나무들이
편을 갈라 계주를 하고 있다,
노월헌 마당에서

학은재 鶴隱齋

어딘가에서 난蘭 향기가 진동하기에
코를 쿵쿵거리며
골목길을 따라갔더니
학은재다

난 향기의 진원지인 학은재의 방문을 여니
죽치고 있어야 할 학鶴 대신
추사秋史와 석파石坡의 난이
죽치고 있다

호기심 많은
추사와 석파의 난 향기가
겁 없이
골목길 밖 도로까지 마실 나간 것이다

나의 코를 쿵쿵거리게 한
어깨동무한
추사와 석파의 난 향기가
어디까지 마실 나간 것인가

한번 마실 나갔다가

길을 잃고 증발해 버리나
아니면 되돌아와
추사와 석파의 난의 품에 안기나

어딘가에서 난 향기가 진동하기에
코를 쿵쿵거리며
골목길을 따라갔더니
학은재다

능소화는 못 말려

굳게 입 다문
반반한 문과 어깨동무한
담장에
능소화가 얼굴을 내밀었다

갈 길이 바쁜
나에게 무얼 안겨주려고
능소화가
나의 발목을 붙들고 놓아주지 않나

그게 뭘까
그게 뭘까
능소화가 나에게 안겨 주려고 하는 것이
뭘까

그리운 것은
담장 너머에 있다는 것을
나에게 가르치기 위해
능소화가 얼굴을 내밀었나

두 집 내고 살려고 바동거리는

나에게
너무 서두르지 말라고
나의 발목을 붙들고 놓아주지 않나

능소화는
못 말려

굳게 입 다문
당당한 문과 어깨동무한
담장에
능소화가 얼굴을 내밀었다

'카페 유달동'이 사르트르를 초대하다

생각이 깊은 '카페 유달동'이
손님들을 위하여
'실존은 본질에 앞선다'는
사르트르를 초대하였다

'카페 유달동'에게 초대받은 사르트르에게
'실존은 본질에 앞선다'가
무슨 말인지
직접 들어볼 기회가 주어진 것이다

누군가가
사르트르를 독차지하여
사르트르와 함께하지 못하는 손님들이
자신들의 인내심을 시험하고 있다

상황파악을 못한
'앙가주망'과 '자기기만'이
자기들에 대하여도 물으라고
나의 옆구리를 찌른다

다른 사람들이 안중에 없는 누군가는

물어볼 게 뭐가 그리 많은지
가까이 다가가 엿듣고 싶지만
자존심이 허락하지 않는다

생각이 많은 '카페 유달동'이
손님들을 위하여
'실존은 본질에 앞선다'는
사르트르를 초대하였다

* '까페 유달동'에는 사르트르의 모습이 담긴 액자가 걸려 있다.
* 실존은 본질에 앞선다: 실존이 먼저 우연히 존재하고 이를 규정하는 본질은 나중에 만들어진다는 뜻이다.
* 앙가주망: 실제로 일이라는 건 인간이 그렇게 되도록 하는 것이다.
* 자기기만: 사회가 주는 역할에 안주하며 무한한 자유가 주는 책임을 벗어나려 하거나 종교가 제시하는 삶의 의미를 쫓음으로 삶을 결단해야 하는 불안에서 벗어나려 하는 행위를 말한다.

행복이 가득한 집

목포근대역사관이 소개한
레스토랑으로 변신한
중앙동 적산가옥이
바로 '행복이 가득한 집'이다

놔두고 가고 싶어서
놔두고 간 것이 아니라
가져가고 싶어도
가져갈 수 없었든 것이다

가시나무들이 보디가드인
저 반반한 집을 놔두고 돌아가서는
잠 못 이룬 밤이
한두 해가 아니었을 것이다

사필귀정事必歸正은 생각 않고
저 반반한 집 때문에
잠 못 이룬 정도가 아니라
할복하고 싶은 심정이었을 것이다

목포근대역사관이 소개한
레스토랑으로 변신한
중앙동 적산가옥이
바로 '행복이 가득한 집'이다

'그대가 꽃'이 나에게 작업을 걸다

우연히 마주친
'그대가 꽃'이 나에게 작업을 건다

인상파인
나에게 꽃이라니
내가 넘어가지 않을 수 없다

장미도
백합도
수선화도 아닌
그냥 꽃이라니

수수꽃장다리도
찔레도
히아신스도 아닌
그냥 꽃이라니

내가 꽃이라면
나는
걸어 다니는 꽃인 것을

'그대가 꽃'이
나 말고도
지나가는 모든 이에게 작업을 건다

'그대가 꽃'이라니
다들 넘어가지 않을 수 없다

4부

유산기암 儒山奇岩

그냥 기암奇巖이 아니라
만물상인 유달산의 기암이다

서남해의 크고 작은 섬들을 거느린
기암이다

군자는 화이부동和而不同이요
소인은 동이불화同而不和라 가르친
논어를 뗀 기암이다

빈 그릇을 들 때도
가득 차 있는 것처럼 들라는
소학의 가르침을
가슴에 새긴 기암이다

손가락을 쳐든
일등바위 하나만으로도
모든 것을 다 입증하고도 남는다

그냥 기암奇巖이 아니라
고하도와 통한 유달산의 기암이다

시조

유산기암^{儒山奇岩}

파도에게 몰매 맞는 다도해의 작은 섬들//
닫힌 마음 열기가 쉬운 일이 아니지//
마음을/ 놓지 못하는/ 유달산의 기암괴석

* 유산기암^{儒山奇岩} : 유달산의 기묘한 바위

용당귀범 龍塘歸帆

누구에게 보이려고
돛단배가
용머리를 돌아왔던 게 아니다

멀리서 바라보는
유달산에게
돛단배는 바다 위를 나는 한 마리 나비였다

유달산의 심장이 벌렁벌렁한 것은
바다 위를 나는 한 마리 나비인
돛단배 때문이었다

나비가 지쳐
더 이상 날개를 팔락거리지 못할까 봐
걱정을 일삼은 것이다

걱정한다 해서
뭐가 달라지는 것이 아니어도
마음을 놓지 못한 것이다

누구에게 보이려고

돛단배가
용머리를 돌아왔던 게 아니다

시조

용당귀범龍塘歸帆

귀항하는 배들이 길을 잃지 않도록//
옴짝달싹 안하는 이정표인 고하도//
아무리/ 파도가 부추겨도/ 승천할 생각 없네

* 용당귀범龍塘歸帆 : 돛단배가 고하도의 용머리를 돌아오는 풍경

아산춘우 牙山春雨

코끼리를 삼킨
보아뱀과 붕어빵인 아산이
목이 마르다는 것을 알고
봄비가 방문한 것이다

아산이
보리마당과 눈빛을 주고받고
만인계터와 눈빛을 주고받고
마루테기와 눈빛을 주고받던 시절이 있었다

옛날엔 그 옛날엔
고개만 쳐들면
빈부귀천을 막론하고
누구나 아산과 눈빛을 주고받을 수 있었다

아산이
제 입맛에 맞는 것들에게만
마음을 준 것이 아니라
모두에게 마음을 준 것이다

코끼리를 삼킨

보아뱀과 붕어빵인 아산이
목이 마르다는 것을 알고
봄비가 찾아온 것이다

시조

아산춘우牙山春雨

뫼山자가 바라보며 얼굴 붉힐 아산이여//
마름모꼴 네 모습이 한 채의 집이구나//
저것 봐/ 네 몸에 반해/ 마실 나온 봄비를

* 아산춘우牙山春雨 : 봄비 속 아산(삼학도 건너편 영암쪽 산 이름) 풍경

학도청람 鶴島晴嵐

아지랑이가
삼학도를 떠메고
어디론가 가고싶은 것이다

삼학도가
따라가고 싶지만
셋이 마음이 일치하지 않는다

가는 곳이 어디인지도 모르고
돌아올 일을 생각하니
눈앞이 캄캄하다

아지랑이가
제 풀에 꺾여
사라질 때까지 셋이서 버티고 있다

이따금
그 일을 되풀이하는데
다들 건망증이 심하다

아지랑이가

삼학도를 떠메고
어디론가 가고싶은 것이다

시조

학도청람^{鶴島晴嵐}

봄비가 무슨 일을 저지른 게 분명하지//
아무런 이유 없이 아지랑이 피었단가//
세 섬 다/ 서운치 않게/ 바삐 돌아다녔겠지

* 학도청람^{鶴島晴嵐} :아지랑이 핀 삼학도의 풍경

금강추월 金江秋月

달빛을 강물이 마다하지 않기에
달빛이
먼 걸음을 한 것이다

강물이 싫은 내색을 한다면
달빛이
먼 걸음을 할 리가 없다

강물과 달빛이 눈이 맞았으니
뭔가
태어날 것이다

강물이 뭔가를 낳을지
달빛이 뭔가를 낳을지
확인할 길이 없다

달빛과 강물이
몸 섞는 것을 지켜보는
갈대들이 가만있지 못하는 것을

강물을 달빛이 마다하지 않기에

강물이
달빛이 하는 대로 내버려두는 것이다

시조

금강추월錦江秋月

머지않아 바다에 완주할 강물이여//
힘 파여야 할 때에 오히려 넘치구나//
달에게/ 험 잡힐까 봐/ 안간힘 쓰는 거지

* 금강추월錦江秋月 : 가을달빛이 쌓인 영산강의 풍경

입암반조 笠岩返照

능소홧빛 노을이라 해야 하나
진달랫빛 노을이라 해야 하나
치잣빛 노을이라 해야 하나

능소홧빛 노을도
진달랫빛 노을도
치잣빛 노을도 아닌 것을

능소홧빛이자
진달랫빛이자
치잣빛인 노을인 것을

호들갑을 떨지 않는 것만으로도
변덕을 부리지 않는 것만으로도
노을에게 배울 게 많은 것을

지나가는 길에
무얼 귀띔해 주려고 왔나
무얼 부추기려고 왔나

이것도 저것도 아니라면

입을 봉한 바위들에게
뭔가 배우려고 왔나

시조

입암반조^{笠岩返照}

햇살이 갓바위에 재미보다 가는 건가//
갓바위에 서천^{西天}이 능욕을 당한 건가//
이따금/ 뛰어오르는/ 관음증의 물고기들

* 입암반조^{笠岩返照} : 저녁노을 물든 갓바위의 풍경

고도설송 高島雪松

눈을 짊어지느라
어깨가 부러질 지경인데
보기 좋다니
그게 말이 되나

눈 앞 여기저기에서
끙끙 앓는 소리
만개하는데
전혀 듣지 못하다니

귀로 듣기도 하고
마음으로 듣기도 하는 것을
오직 귀로 듣는 것만
들었다 하니

눈으로 보기도 하고
마음으로 보기도 하는 것을
오직 눈으로 보는 것만
보았다 하니

눈을 짊어지느라

어깨가 부러질 지경인데
보기 좋다니
그게 말이 되나

시조

고도설송高島雪松

모두 다 세상 짐을 덜어내려 하건만//
어깨가 부러져도 꼼짝달싹 않는구나//
짐 지고/ 아름다운 건/ 고하도의 소나무지

* 고도설송高島雪松 : 눈 내린 고하도의 소나무 풍경

달사모종 達寺暮鐘

학교 종도 교회 종도 아닌
달성사 범종이
중생들에게 다가가기 위하여
자기 몸을 학대하고 있다

主上殿下壽萬歲, 王妃殿下壽千秋,
世子低下壽齊年을 몸에 새긴
달성사 범종이
자기 몸을 학대하고 있다

이승은 물론
저승의 중생들에게까지 다가가기 위하여
하루도 빠지지 않고
자기 몸을 학대하고 있다

마조히스트라는
오명을 뒤집어쓸 수도 있는
달성사 모종이
그런 건 아랑곳하지 않는다

교회 종도 학교 종도 아닌

달성사 범종이
중생들과 함께하기 위하여
자기 몸을 학대하고 있다

시조

달사모종 達寺暮鐘

극락보전 찾아뵙기 어려운 중생들에게//
아미타불 말씀을 전하는 범종소리//
지친 삶/ 일으켜 주는/ 귓전의 불립문자

* 달사모종 達寺暮鐘 : 저녁 종소리 울리는 달성사의 풍경을 가리킨다.
* 주상전하수만세, 왕비전하수천추, 세자저하수제년
主上殿下壽萬歲, 王妃殿下壽千秋, 世子低下壽齊年에서
주상主上은 영조대왕이다.
그러니까 영조와 왕비 그리고 세자의 만수무강을 기원한다는 의미이다.

사의재 시인선 15

목포근대역사관

1판 1쇄 인쇄일 2019년 2 월 15일
1판 1쇄 발행일 2019년 2 월 20일

지은이 김재석
펴낸이 신정희
펴낸곳 사의재
출판등록 2015년 11월 9일 제2015-000011호
주소 목포시 양을로 266(용해동)
전화 010-2108-6562
이메일 dambak7@hanmail.net

ⓒ 김재석, 2019
ISBN 979-11-88819-09-6 03810

지은이와 출판사의 동의 없이 이 책의 내용 중 전체 또는 일부를 인용하거나 발췌하는 것을 금합니다.

값 10,000원

- 이 도서의 국립중앙도서관 출판예정도서목록(CIP)은 서지정보유통지원시스템 홈페이지(http://seoji.nl.go.kr)와 국가자료공동목록시스템(http://www.nl.go.kr/kolisnet)에서 이용하실 수 있습니다. (CIP제어번호: CIP2019003814)